SELECTED SPEECHES OF LYSIAS
(1, 2, 3, 4, AND 24)

The Focus Classical Library
Series Editors • James Clauss and Stephen Esposito

Aristophanes: Acharnians • Jeffrey Henderson
Aristophanes: The Birds • Jeffrey Henderson
Aristophanes: Clouds • Jeffrey Henderson
Aristophanes: Frogs • Henderson
Aristophanes: Lysistrata • Jeffrey Henderson
Aristophanes: Three Comedies: Acharnians, Lysistrata, Clouds • Jeffrey Henderson
Euripides: The Bacchae • Stephen Esposito
Euripides: Four Plays: Medea, Hippolytus, Heracles, Bacchae • Stephen Esposito, ed.
Euripides: Hecuba • Robin Mitchell-Boyask
Euripides: Heracles • Michael R. Halleran
Euripides: Hippolytus • Michael R. Halleran
Euripides: Medea • Anthony Podlecki
Euripides: The Trojan Women • Diskin Clay
Golden Verses: Poetry of the Augustan Age • Paul T. Alessi
Golden Prose in the Age of Augustus • Paul T. Alessi
Hesiod: Theogony • Richard Caldwell
Hesiod: Theogony & Works and Days • Stephanie Nelson
The Homeric Hymns • Susan Shelmerdine
Ovid: Metamorphoses • Z. Philip Ambrose
Plautus: Captivi, Amphitryon, Casina, Pseudolus • David Christenson
Roman Comedy: Five Plays by Plautus and Terence • David Christenson
Roman Lives • Brian K. Harvey
Sophocles: Antigone • Ruby Blondell
Sophocles: Electra • Hanna M. Roisman
Sophocles: King Oidipous • Ruby Blondell
Sophocles: Oidipous at Colonus • Ruby Blondell
Sophocles: Philoktetes • Seth Schein
Sophocles: The Theban Plays • Ruby Blondell
Terence: Brothers (Adelphoe) • Charles Mercier
Vergil: The Aeneid • Richard Caldwell

Selected Speeches of Lysias
(1, 2, 3, 4, and 24)

Jeffrey A. Rydberg-Cox
University of Missouri at Kansas City

focus an imprint of
Hackett Publishing Company, Inc.
Indianapolis/Cambridge

Selected Speeches of Lysias (1, 2, 3, 4, and 24)
© 2003 Jeffrey A. Rydberg-Cox

Previously published by Focus Publishing Co./R. Pullins Inc.

Focus an imprint of
Hackett Publishing Company, Inc.
P.O. Box 44937
Indianapolis, Indiana 46244-0937

www.hackettpublishing.com

ISBN13: 978-1-58510-029-3

All rights reesrved

Printed in the United States of America.

20 19 18 17   8 9 10 11 12

The paper used in this publication meets the minimum requirements of American National Standard for Information Sciences—Permanence of Paper for Printed Library Materials, ANSI Z39.48–1984.
∞

Table of Contents

Acknowledgements vi
Introduction vii

Greek Text
    Lysias I : *On the Murder of Eratosthenes* 1
    Lysias II : *Funeral Oration* 17
    Lysias III : *Defense Against Simon* 43
    Lysias IV: *On a Wound by Premeditation* 59
    Lysias XXIV: *On the Refusal of a Pension* 67

Notes and Commentary
    Commentary on Lysias I 9
    Commentary on Lysias II 31
    Commentary on Lysias III 51
    Commentary on Lysias IV 63
    Commentary on Lysias XXIV 72

Vocabulary 77

Acknowledgements

I would like to thank my colleagues at the Perseus Project for their help with this book, and particularly Anne Mahoney for her careful proofreading and thoughtful suggestions. I am also indebted to Ryan R. Fagan, Amy Lucas, and Elpida M. Anthan for their help with the final stages of the project. Above all, thank you to Monique and Sam!

Introduction
SELECTED SPEECHES OF LYSIAS
(1, 2, 3, 4, AND 24)

I.

"Every trial is a drama. No matter who are the persons involved, whether important or obscure; no matter what is at stake, whether a man's life or merely the possession of a plot of land or a sum of money: there is a struggle which is of absorbing interest to the actors, and a decision to be taken which closely affects them."[1]

In the world of Classical Athens, trials and legal cases were not simply isolated disputes that could be resolved with finality by the decision of a jury. Rather, the law courts were one mechanism that parties could use against their opponents in disputes and feuds that had been ongoing for many years.[2] The nature of Athenian litigation as a powerful weapon in these ongoing feuds can be seen clearly in the career of the Athenian speechwriter Lysias and the speeches contained in this book.

II.

Lysias was active during the late fifth and early fourth centuries in Athens. He was not a native Athenian, but rather a resident alien (*metic*) who spent his youth as part of a privileged family in Athens. He was the son of Cephalus, a wealthy merchant who moved to Athens at the request of Pericles.[3] Although he

---

1 Freeman p. 9.
2 See Cohen 1995.
3 For the invitation from Pericles, see Lys. 12.4. For Cephalus' wealth, see Plat. *Rep.* 330b.

was a *metic* and did not share in the rights of an Athenian citizen, Cephalus enjoyed privileged status. He participated extensively in the cultural and intellectual life of fifth-century Athens; he is even portrayed as the host of the conversations that Plato describes in the *Republic*. As a young man, Lysias moved to Thurii – a Panhellenic colony in southern Italy – where he studied rhetoric. Sometime between 420 and 412, Lysias returned to Athens where he and his brother ran a successful business.[4] After the fall of Athens in the Peloponnesian War, the Thirty confiscated their property for personal gain under the pretext that Lysias and his brother were enemies of the Athenians.[5] With his livelihood lost after the restoration of the democracy, Lysias began a career as a speechwriter, composing speeches for others to deliver, primarily in the law courts. Lysias was a prolific writer; Pseudo-Plutarch's *Lives of the Ten Orators* reports that 425 speeches were attributed to Lysias and regards 233 of these speeches as genuine. Out of this vast collection of works, only thirty-four speeches have survived – twenty-three of which are forensic speeches.[6]

III.

This book contains five works by Lysias. Four of these provide a window into the types of ongoing disputes pursued in Athenian courts: *On the Murder of Eratosthenes*, *Against Simon*, *On a Wound by Premeditation*, and *On the Refusal of a Pension*.[7]

On the Murder of Eratosthenes is a defense speech delivered by a man named Euphiletus who was on trial for the murder of Eratosthenes. After learning that Eratosthenes and his wife were having an affair, and discovering the two together in bed, Euphiletus killed Eratosthenes. In his defense speech, Euphiletus admits to the murder, but argues that it was justified. He claims that the laws allow a husband to kill his wife's seducer provided that he catches them in the act and does not premeditate the deed.

In *Against Simon*, an unnamed speaker defends himself against a charge of assault brought by a man named Simon. These two men had been involved in a lengthy dispute about the possession of a young slave boy whom they had purchased to be their companion. The dispute became violent several times and Simon brought charges of assault. Throughout, the defendant argues that these altercations were not premeditated and that Simon was the instigator.

---

4 See Carey 1, Usher and Edwards 126, and Dover 42-43 for discussions of when Lysias might have returned to Athens.
5 See Lys. 12.
6 Not all of the surviving speeches are considered genuine. For some representative discussions, see Usher and Najock 1982 and Dover 1968.
7 The texts are based on those contained in the Oxford Classical Text edited by Hude in 1912.

On a Premeditated Wound is a defense speech similar to *Against Simon* except that the litigants were involved in a dispute concerning a slave woman. The introduction and the description of the facts in this case are missing. The work begins when the speaker denies any long-standing dispute between the two men. He then finds fault with his accuser's unwillingness to allow him to question the slave who had witnessed the assault.

On the Refusal of a Pension is a somewhat different speech. The Athenians provided financial support to citizens who were poor and could not work. Periodically, however, the Athenians examined these people to determine whether they should continue to receive this pension. Although the speaker had received this support for many years, it was now being challenged. This speech is an answer to the points raised against his receipt of the pension.

Lysias' *Funeral Oration* has a tone and purpose that is very different from the other works in this book. Rather than showing petty and sordid disputes, the funeral oration provides a glimpse of the Athenians' idealized conception of their city and its place in the world. The Greek historian Thucydides reports that Athens periodically honored those who had died in battle with a public funeral, and a prominent citizen was chosen to deliver a speech at these ceremonies. Athenian funeral orations have a highly conventional form in which the speaker praises the dead by comparing their deeds with those of the past, including several mythic episodes and the Persian wars.

IV.

This book is designed to help intermediate students who have worked through a beginning textbook but who have not read a great deal of other literature in Greek. It is not intended as a guide to the social or legal environment surrounding these trials. This book provides a guide to the syntax of difficult sections, help with the first principal parts of unfamiliar verbs, and a complete vocabulary list. It is not, however, possible for a commentator to provide assistance with every form and every word in a text. For this sort of help, the reader can avail themselves of the word study tools contained in the Perseus Digital Library on the World Wide Web.

IV.A. What is Perseus?

Perseus is an evolving digital library with large collections of materials related to the study of the ancient world. It currently includes more than 150 Greek and Latin texts with English translations, many important reference works, and photographs of art objects and archaeological sites from the ancient world. The most important resources in the digital library for students reading Lysias are electronic editions of the Greek and English texts, the intermediate Liddell and Scott *Greek-English Lexicon*, the advanced Liddell, Scott, and Jones *Greek-English Lexicon*, and standard reference works such as Smyth's *Greek Grammar*.

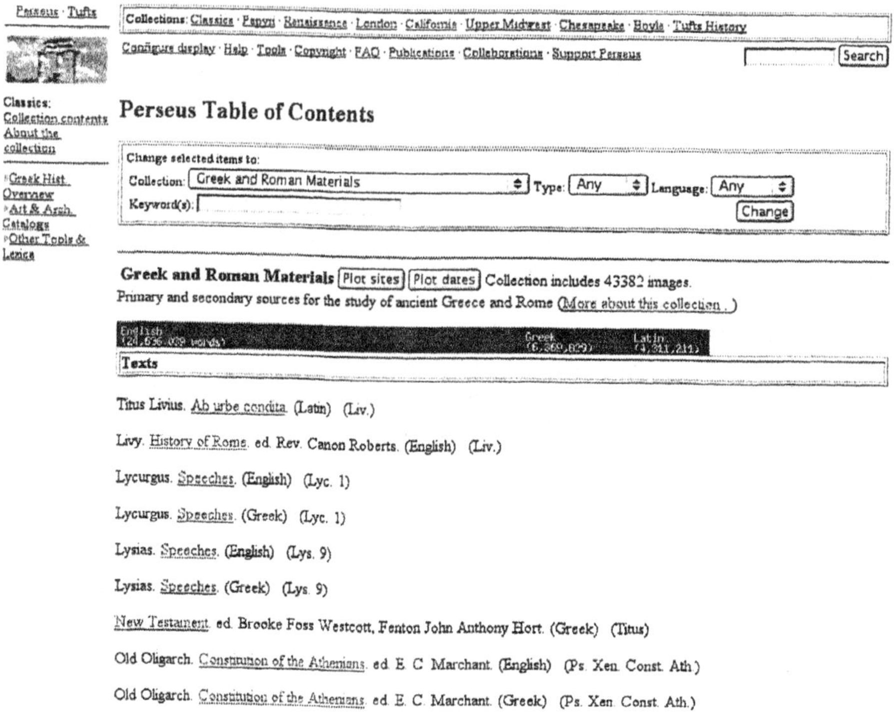

x   Lysias: Selected Speeches

Figure 1: Perseus Collection Viewer

IV.B: Finding Lysias in the Perseus Digital Library

The Perseus Digital Library is available on the World Wide Web and can be accessed with any web browser at the URL http://www.perseus.tufts.edu. To see a complete listing of the resources in the Perseus digital library, you can use the Perseus Collection Viewer which is similar to the on-line catalog found in most traditional libraries. On the left side of the Perseus home page, you will see a listing of all of the document collections in Perseus. You can find the works of Lysias in the "Classics" collection (see Figure 1). If you follow this link, you will see the works of Lysias together with all of the other documents in Perseus about the ancient world.

It is also possible to go directly to the text from the Perseus home page. In the upper right hand corner of the home page, you will see a text field labeled "Search Perseus". You can enter the lookup string for any work in this box to go directly to the text. The lookup string for the works contained in this book are as follows:

Introduction   xi

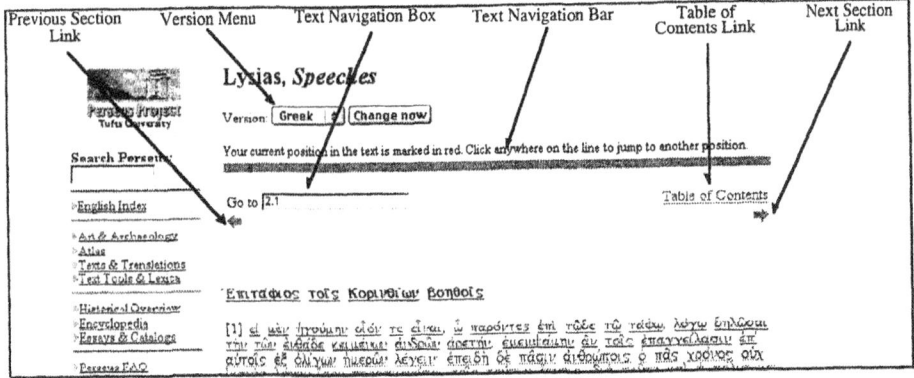

Figure 2: Text Navigation

Work:	Lookup String:
Lysias 1: *On the Murder of Eratosthenes*	Lys. 1.1
Lysias 2: *Funeral Oration*	Lys. 2.1
Lysias 3: *Against Simon*	Lys. 3.1
Lysias 4: *On a Wound by Premeditation*	Lys. 4.1
Lysias 24: *On the Refusal of a Pension*	Lys. 24.1

IV.C. Configuring the Greek Display

By default, Perseus displays transliteration of Greek texts, which allows them to be viewed with any computer and browser without a Greek font. This is only one of many possible display options; you can also view texts in most commonly available Greek fonts. Use the display configuration tool to change your Greek font settings. This tool can be accessed by following the "Configure Display" link that appears at the top of every page in the digital library. Greek display for each browser and each computer platform varies widely and these technologies change rapidly. Thus, it is not practical to provide detailed configuration instructions in a printed book. You can find out how to configure the computer that you are using by carefully following the instructions provided at http://www.perseus.tufts.edu/Help/fonthelp.html.

IV.D. Navigating the Electronic Text

Figure 2 illustrates the links that you will find at the top of every page to help you navigate through the electronic text in Perseus.

There are three tools that allow you to move through each speech.

- The version links allow you to switch between the Greek text and the English translation of the speeches.
- The previous and next section arrows allow you to move through the

electronic text as if it were a book; the right arrow leads to the next page while the left arrow leads to the previous page.

- The 'go to' box allows you to enter a specific speech number and a section to go directly to that section. For example, imagine that you want to look up something in section 24 of Lysias' *Funeral Oration*; to go directly to this section of the text, simply enter 2.24 in the 'go to' box.[8]

Two other tools at the top of each screen help you navigate through the virtual collection of speeches.

- The navigation bar shows your relative position in the book; the left end of the bar represents the beginning of the book, the right end represents the end. Clicking on the navigation bar takes you to that relative position in the text.
- The contents link displays a full table of contents for the virtual book.

IV.E. Using the Perseus Word Study Tool

Every Greek word in the text of Lysias is linked to the Perseus word study tool shown in Figure 3. This tool allows you to discover the form and meaning of every Greek word in the text. If you click on a word, a window will appear showing the possible dictionary forms from which the word could be derived, a description of its possible forms, a short definition of the word, links to a short overview of Greek grammar, frequency information and links to a word search tool.

The short definition is automatically extracted from the electronic version of the intermediate Liddell and Scott Greek lexicon. It is only the first definition found in the intermediate dictionary, and it is intended only as a rough guide to the meaning of a word. For this reason, the word study tool screen has links to both the intermediate Greek lexicon and also the complete Liddell, Scott, and Jones Greek-English lexicon. If you are not familiar with a word, it is best to look it up in the electronic version of one of these dictionaries and familiarize yourself with all of its senses.

When you are reading the text, you need to know how a word is being used, not just what that word means. The word study tool provides the grammatical identity for each word (i.e. the gender, number and case of nouns and the person, number, tense, mood and voice of verbs.) In addition, the elements of the morphological analysis that describe case, tense, mood and voice are linked to a short overview of Greek syntax. For example, in Figure 3, the abbreviation "acc" for "accusative" appears as a hyperlink. This link leads to a short overview of the uses of the accusative that is, in turn, linked to expanded discussions of syntax in Smyth's *Greek Grammar*.

---

[8] You can also go directly to this section by entering Lys. 2.24 in the "Search Perseus" box on the home page.

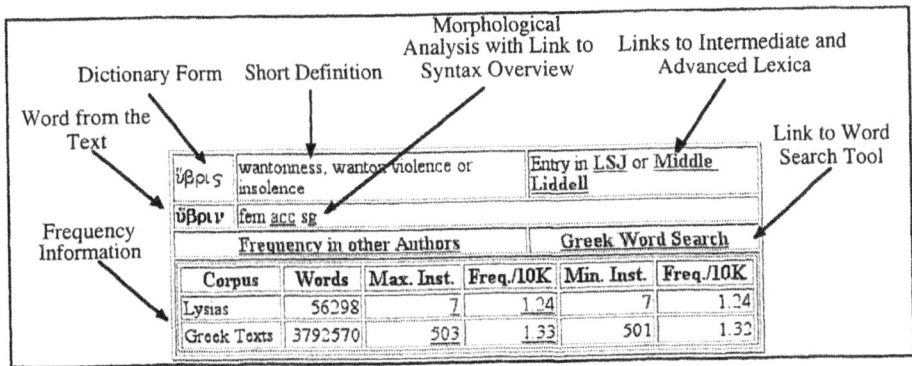

Figure 3: Word Study Tool

When you are reading a Greek text and you encounter an unfamiliar word, it can be useful to know how often that word appears so that you know how likely you are to encounter it again. While the vocabulary list in the back provides a frequency ranking for each word in this book, the word study tool provides this information for the words in all of Lysias' speeches as well as all Perseus Greek texts. Finally, if you are interested in knowing more about the meaning of a word, the best place to start is by reading other passages where it appears. You can do this easily by following the word search link.

IV.F. Comments, Notes, and Cross References

The Perseus Digital Library contains a large number of commentaries and reference grammars on Greek texts. It displays comments and citations in these works as if they were footnotes. Thus, when a reference work such as Smyth's *Greek Grammar* cites a text by Lysias, you will see an active link in the Lysias text back to Smyth's grammar. For example, Smyth's discussion of αὐτός in section 1206 cites Lysias 1.4; Perseus shows a link to Smyth 1206 when you are reading this section. Likewise, Fraizer's notes to Apollodorus cite Lysias 2.11-16 in their discussion of the Heraclids. This citation is also displayed as an active link from the *Funeral Oration*. The Perseus display system provides several options for ways that you can see these notes, comments and cross references. A complete discussion of these options and how you can change them is available at http://www.perseus.tufts.edu/Help/TextHelp.html#display.

Sources Cited and Suggestions for Further Reading
(Useful background readings are marked with a *)

Carey, C. 1989. *Lysias: Selected Speeches*. Cambridge: Cambridge University Press.

*Cohen, D.. 1995. *Law, Violence, and Community in Classical Athens*. Cambridge: Cambridge University Press.

Dover, K. 1968 *Lysias and the Corpus Lysiacum* Berkeley: University of California Press.

Edwards, M. and Usher S. 1985 *Greek Orators I: Antiphon and Lysias*. Chicago: Bolchazy Carducci.

Freeman, K. 1963. *On the Murder of Herodes and Other Trials from Athenian Law Courts*. Indianapolis: Hackett.

*Ober, Josiah. 1989. *Mass and Elite in Democratic Athens : Rhetoric, Ideology, and the Power of the People*. Princeton: Princeton University Press.

*Tod, S. (trans). 2002. *Lysias: Speeches*. Austin: University of Texas Press.

Usher, S. and Najock D. 1982 "A Statistical Study of Authorship in the Corpus Lysiacum" *Computers and the Humanities* 16:85-105

Abbreviations Used in the Commentary

Cam.	Campbell, Malcom. 1997. *A Greek Prose Reading Course for Post-Beginners Unit 1: Lysias, On the Murder of Eratosthenes*. London: Bristol Classical Press.
C.	Carey, C. 1989. *Lysias: Selected Speeches*. Cambridge: Cambridge University Press.
G.	Goodwin, William Watson. 1890. *Syntax of the Moods and Tenses of the Greek Verb*. Boston: Ginn & Company.
LSJ	Liddell, Henry George, Robert Scott, and Henry Stuart Jones. 1940. *A Greek-English Lexicon*. A new rev. and augm. throughout ed. Oxford: The Clarendon Press.
M.	Morgan, Morris H. 1895. *Eight Orations Of Lysias*. Boston: Ginn.
Sc.	Scodel, Ruth. 1986. *Lysias orations I, III, Bryn Mawr Greek Commentaries*. Bryn Mawr, Penn.: Thomas Library Bryn Mawr College.
S.	Smyth, Herbert Weir, and Gordon M. Messing. 1956. *Greek Grammar*. Cambridge, Mass.: Harvard University Press.

Lysias 1
On the Murder of Eratosthenes

[1] περὶ πολλοῦ ἂν ποιησαίμην, ὦ ἄνδρες, τὸ τοιούτους ὑμᾶς ἐμοὶ δικαστὰς περὶ τούτου τοῦ πράγματος γενέσθαι, οἷοίπερ ἂν ὑμῖν αὐτοῖς εἴητε τοιαῦτα πεπονθότες· εὖ γὰρ οἶδ᾽ ὅτι, εἰ τὴν αὐτὴν γνώμην περὶ τῶν ἄλλων ἔχοιτε, ἥνπερ περὶ ὑμῶν αὐτῶν, οὐκ ἂν εἴη ὅστις οὐκ ἐπὶ τοῖς γεγενημένοις ἀγανακτοίη, ἀλλὰ πάντες ἂν περὶ τῶν τὰ τοιαῦτα ἐπιτηδευόντων τὰς ζημίας μικρὰς ἡγοῖσθε. [2] καὶ ταῦτα οὐκ ἂν Ἑλλάδι εἴη μόνον παρ᾽ ὑμῖν οὕτως ἐγνωσμένα, ἀλλ᾽ ἐν ἁπάσῃ τῇ· περὶ τούτου γὰρ μόνου τοῦ ἀδικήματος καὶ ἐν δημοκρατίᾳ καὶ ὀλιγαρχίᾳ ἡ αὐτὴ τιμωρία τοῖς ἀσθενεστάτοις πρὸς τοὺς τὰ μέγιστα δυναμένους ἀποδέδοται, ὥστε τὸν χείριστον τῶν αὐτῶν τυγχάνειν τῷ βελτίστῳ· οὕτως, ὦ ἄνδρες, ταύτην τὴν ὕβριν ἅπαντες ἄνθρωποι δεινοτάτην ἡγοῦνται. [3] περὶ μὲν οὖν τοῦ μεγέθους τῆς ζημίας ἅπαντας ὑμᾶς νομίζω τὴν αὐτὴν διάνοιαν ἔχειν, καὶ οὐδένα οὕτως ὀλιγώρως διακεῖσθαι, ὅστις οἴεται δεῖν συγγνώμης τυγχάνειν ἢ μικρᾶς ζημίας ἀξίους ἡγεῖται τοὺς τῶν τοιούτων ἔργων αἰτίους· [4] ἡγοῦμαι δέ, ὦ ἄνδρες, τοῦτό με δεῖν ἐπιδεῖξαι, ὡς ἐμοίχευεν Ἐρατοσθένης τὴν γυναῖκα τὴν ἐμὴν καὶ ἐκείνην τε διέφθειρε καὶ τοὺς παῖδας τοὺς ἐμοὺς ᾔσχυνε καὶ ἐμὲ αὐτὸν ὕβρισεν εἰς τὴν οἰκίαν τὴν ἐμὴν εἰσιών, καὶ οὔτε ἔχθρα ἐμοὶ καὶ ἐκείνῳ οὐδεμία ἦν πλὴν ταύτης, οὔτε χρημάτων ἕνεκα ἔπραξα ταῦτα, ἵνα πλούσιος ἐκ πένητος γένωμαι, οὔτε ἄλλου κέρδους οὐδενὸς πλὴν τῆς κατὰ τοὺς νόμους τιμωρίας. [5] ἐγὼ τοίνυν ἐξ ἀρχῆς ὑμῖν ἅπαντα ἐπιδείξω τὰ ἐμαυτοῦ πράγματα, οὐδὲν παραλείπων, ἀλλὰ λέγων τἀληθῆ· ταύτην γὰρ ἐμαυτῷ μόνην ἡγοῦμαι σωτηρίαν, ἐὰν ὑμῖν εἰπεῖν ἅπαντα δυνηθῶ τὰ πεπραγμένα.

[6] ἐγὼ γάρ, ὦ Ἀθηναῖοι, ἐπειδὴ ἔδοξέ μοι γῆμαι καὶ γυναῖκα ἠγαγόμην εἰς τὴν οἰκίαν, τὸν μὲν ἄλλον χρόνον οὕτω διεκείμην ὥστε μήτε λυπεῖν μήτε λίαν ἐπ' ἐκείνῃ εἶναι ὅ τι ἂν ἐθέλῃ ποιεῖν, ἐφύλαττόν τε ὡς οἷόν τε ἦν, καὶ προσεῖχον τὸν νοῦν ὥσπερ εἰκὸς ἦν· ἐπειδὴ δέ μοι παιδίον γίγνεται, ἐπίστευον ἤδη καὶ πάντα τὰ ἐμαυτοῦ ἐκείνῃ παρέδωκα, ἡγούμενος ταύτην οἰκειότητα μεγίστην εἶναι. [7] ἐν μὲν οὖν τῷ πρώτῳ χρόνῳ, ὦ Ἀθηναῖοι, πασῶν ἦν βελτίστη, καὶ γὰρ οἰκονόμος δεινὴ καὶ φειδωλὸς [ἀγαθὴ] καὶ ἀκριβῶς πάντα διοικοῦσα· ἐπειδὴ δέ μοι ἡ μήτηρ ἐτελεύτησε, ἣ πάντων τῶν κακῶν ἀποθανοῦσα αἰτία μοι γεγένηται, . . . [8] ἐπ' ἐκφορὰν γὰρ αὐτῇ ἀκολουθήσασα ἡ ἐμὴ γυνὴ ὑπὸ τούτου τοῦ ἀνθρώπου ὀφθεῖσα, χρόνῳ διαφθείρεται· ἐπιτηρῶν γὰρ τὴν θεράπαιναν τὴν εἰς τὴν ἀγορὰν βαδίζουσαν καὶ λόγους προσφέρων ἀπώλεσεν αὐτήν. [9] πρῶτον μὲν οὖν, ὦ ἄνδρες, (δεῖ γὰρ καὶ ταῦθ' ὑμῖν διηγήσασθαι) οἰκίδιον ἔστι μοι διπλοῦν, ἴσα ἔχον τὰ ἄνω τοῖς κάτω κατὰ τὴν γυναικωνῖτιν καὶ κατὰ τὴν ἀνδρωνῖτιν. ἐπειδὴ δὲ τὸ παιδίον ἐγένετο ἡμῖν, ἡ μήτηρ αὐτὸ ἐθήλαζεν· ἵνα δὲ μή, ὁπότε λοῦσθαι δέοι, κινδυνεύῃ κατὰ τῆς κλίμακος καταβαίνουσα, ἐγὼ μὲν ἄνω διῃτώμην, αἱ δὲ γυναῖκες κάτω. [10] καὶ οὕτως ἤδη συνειθισμένον ἦν, ὥστε πολλάκις ἡ γυνὴ ἀπῄει κάτω καθευδήσουσα ὡς τὸ παιδίον, ἵνα τὸν τιτθὸν αὐτῷ διδῷ καὶ μὴ βοᾷ. καὶ ταῦτα πολὺν χρόνον οὕτως ἐγίγνετο, καὶ ἐγὼ οὐδέποτε ὑπώπτευσα, ἀλλ' οὕτως ἠλιθίως διεκείμην, ὥστε ᾤμην τὴν ἑαυτοῦ γυναῖκα πασῶν σωφρονεστάτην εἶναι τῶν ἐν τῇ πόλει. [11] προϊόντος δὲ τοῦ χρόνου, ὦ ἄνδρες, ἧκον μὲν ἀπροσδοκήτως ἐξ ἀγροῦ, μετὰ δὲ τὸ δεῖπνον τὸ παιδίον ἐβόα καὶ ἐδυσκόλαινεν ὑπὸ τῆς θεραπαίνης ἐπίτηδες λυπούμενον, ἵνα ταῦτα ποιῇ· [12] ὁ γὰρ ἄνθρωπος ἔνδον ἦν· ὕστερον γὰρ ἅπαντα ἐπυθόμην. καὶ ἐγὼ τὴν γυναῖκα ἀπιέναι ἐκέλευον καὶ δοῦναι τῷ παιδίῳ τὸν τιτθόν, ἵνα παύσηται κλᾶον. ἡ δὲ τὸ μὲν πρῶτον οὐκ ἤθελεν, ὡς ἂν ἀσμένη με ἑορακυῖα ἥκοντα διὰ χρόνου· ἐπειδὴ δὲ ἐγὼ ὠργιζόμην καὶ ἐκέλευον αὐτὴν ἀπιέναι, "ἵνα σύ γε" ἔφη "πειρᾷς ἐνταῦθα τὴν παιδίσκην· καὶ πρότερον δὲ μεθύων εἷλκες αὐτήν." [13] κἀγὼ μὲν ἐγέλων, ἐκείνη δὲ ἀναστᾶσα καὶ ἀπιοῦσα προστίθησι τὴν θύραν, προσποιουμένη παίζειν, καὶ τὴν κλεῖν ἐφέλκεται. κἀγὼ τούτων οὐδὲν ἐνθυμούμενος οὐδ' ὑπονοῶν ἐκάθευδον ἄσμενος, ἥκων ἐξ ἀγροῦ. [14] ἐπειδὴ δὲ ἦν πρὸς

ἡμέραν, ἧκεν ἐκείνη καὶ τὴν θύραν ἀνέῳξεν. ἐρομένου δέ μου τί αἱ θύραι νύκτωρ ψοφοῖεν, ἔφασκε τὸν λύχνον ἀποσβεσθῆναι τὸν παρὰ τῷ παιδίῳ, εἶτα ἐκ τῶν γειτόνων ἐνάψασθαι. ἐσιώπων ἐγὼ καὶ ταῦτα οὕτως ἔχειν ἡγούμην. ἔδοξε δέ μοι, ὦ ἄνδρες, τὸ πρόσωπον ἐψιμυθιῶσθαι, τοῦ ἀδελφοῦ τεθνεῶτος οὔπω τριάκονθ' ἡμέρας· ὅμως δ' οὐδ' οὕτως οὐδὲν εἰπὼν περὶ τοῦ πράγματος ἐξελθὼν ᾠχόμην ἔξω σιωπῇ. [15] μετὰ δὲ ταῦτα, ὦ ἄνδρες, χρόνου μεταξὺ διαγενομένου καὶ ἐμοῦ πολὺ ἀπολελειμμένου τῶν ἐμαυτοῦ κακῶν, προσέρχεταί μοί τις πρεσβῦτις ἄνθρωπος, ὑπὸ γυναικὸς ὑποπεμφθεῖσα ἣν ἐκεῖνος ἐμοίχευεν, ὡς ἐγὼ ὕστερον ἤκουον· αὕτη δὲ ὀργιζομένη καὶ ἀδικεῖσθαι νομίζουσα, ὅτι οὐκέτι ὁμοίως ἐφοίτα παρ' αὐτήν, ἐφύλαττεν ἕως ἐξηῦρεν ὅ τι εἴη τὸ αἴτιον. [16] προσελθοῦσα οὖν μοι ἐγγὺς ἡ ἄνθρωπος τῆς οἰκίας τῆς ἐμῆς ἐπιτηροῦσα, "Εὐφίλητε" ἔφη "μηδεμιᾷ πολυπραγμοσύνῃ προσεληλυθέναι με νόμιζε πρὸς σέ· ὁ γὰρ ἀνὴρ ὁ ὑβρίζων εἰς σὲ καὶ τὴν σὴν γυναῖκα ἐχθρὸς ὢν ἡμῖν τυγχάνει. ἐὰν οὖν λάβῃς τὴν θεράπαιναν τὴν εἰς ἀγορὰν βαδίζουσαν καὶ διακονοῦσαν ὑμῖν καὶ βασανίσῃς, ἅπαντα πεύσει. ἔστι δ'" ἔφη "'Ερατοσθένης 'Οῆθεν ὁ ταῦτα πράττων, ὃς οὐ μόνον τὴν σὴν γυναῖκα διέφθαρκεν ἀλλὰ καὶ ἄλλας πολλάς· ταύτην γὰρ [τὴν] τέχνην ἔχει." [17] ταῦτα εἰποῦσα, ὦ ἄνδρες, ἐκείνη μὲν ἀπηλλάγη, ἐγὼ δ' εὐθέως ἐταραττόμην, καὶ πάντα μου εἰς τὴν γνώμην εἰσῄει, καὶ μεστὸς ἦ ὑποψίας, ἐνθυμούμενος μὲν ὡς ἀπεκλήσθην ἐν τῷ δωματίῳ, ἀναμιμνησκόμενος δὲ ὅτι ἐν ἐκείνῃ τῇ νυκτὶ ἐψόφει ἡ μέταυλος θύρα καὶ ἡ αὔλειος, ὃ οὐδέποτε ἐγένετο, ἔδοξέ τέ μοι ἡ γυνὴ ἐψιμυθιῶσθαι. ταῦτά μου πάντα εἰς τὴν γνώμην εἰσῄει, καὶ μεστὸς ἦ ὑποψίας. [18] ἐλθὼν δὲ οἴκαδε ἐκέλευον ἀκολουθεῖν μοι τὴν θεράπαιναν εἰς τὴν ἀγοράν, ἀγαγὼν δ' αὐτὴν ὡς τῶν ἐπιτηδείων τινὰ ἔλεγον ὅτι ἐγὼ πάντα εἴην πεπυσμένος τὰ γιγνόμενα ἐν τῇ οἰκίᾳ· "σοὶ οὖν" ἔφην "ἔξεστι δυοῖν ὁπότερον βούλει ἑλέσθαι, ἢ μαστιγωθεῖσαν εἰς μύλωνά ἐμπεσεῖν καὶ μηδέποτε παύσασθαι κακοῖς τοιούτοις συνεχομένην, ἢ κατειποῦσαν ἅπαντα τἀληθῆ μηδὲν παθεῖν κακόν, ἀλλὰ συγγνώμης παρ' ἐμοῦ τυχεῖν τῶν ἡμαρτημένων. ψεύσῃ δὲ μηδέν, ἀλλὰ πάντα τἀληθῆ λέγε." [19] κἀκείνη τὸ μὲν πρῶτον ἔξαρνος ἦν, καὶ ποιεῖν ἐκέλευεν ὅ τι βούλομαι· οὐδὲν γὰρ εἰδέναι· ἐπειδὴ δὲ ἐγὼ ἐμνήσθην Ἐρατοσθένους πρὸς αὐτήν, καὶ εἶπον ὅτι οὗτος ὁ φοιτῶν εἴη πρὸς τὴν γυναῖκα, ἐξεπλάγη ἡγησαμένη με πάντα ἀκριβῶς ἐγνωκέναι. [20] καὶ τότε ἤδη πρὸς τὰ γόνατά μου πεσοῦσα, καὶ πίστιν παρ' ἐμοῦ λαβοῦσα μηδὲν πείσεσθαι κακόν, κατηγόρει πρῶτον μὲν ὡς μετὰ τὴν ἐκφορὰν αὐτῇ προσίοι, ἔπειτα ὡς αὐτὴ τελευτῶσα εἰσαγγείλειε καὶ ὡς ἐκείνη τῷ χρόνῳ πεισθείη, καὶ τὰς εἰσόδους οἷς τρόποις προσίοιτο, καὶ ὡς Θεσμοφορίοις ἐμοῦ ἐν ἀγρῷ ὄντος ᾤχετο εἰς τὸ ἱερὸν μετὰ τῆς μητρὸς τῆς ἐκείνου· καὶ τἆλλα τὰ γενόμενα πάντα ἀκριβῶς διηγήσατο. [21] ἐπειδὴ δὲ πάντα εἴρητο αὐτῇ, εἶπον ἐγώ, "ὅπως τοίνυν ταῦτα μηδεὶς ἀνθρώπων πεύσεται· εἰ δὲ μή, οὐδέν σοι κύριον ἔσται τῶν πρὸς ἔμ' ὡμολογημένων. ἀξιῶ δέ σε ἐπ' αὐτοφώρῳ ταῦτά μοι ἐπιδεῖξαι· ἐγὼ γὰρ οὐδὲν δέομαι λόγων, ἀλλὰ τὸ ἔργον φανερὸν γενέσθαι, εἴπερ οὕτως ἔχει." [22] ὡμολόγει ταῦτα ποιήσειν. καὶ μετὰ ταῦτα διεγένοντο ἡμέραι τέτταρες ἢ πέντε, . . . ὡς ἐγὼ μεγάλοις ὑμῖν τεκμηρίοις ἐπιδείξω. πρῶτον δὲ διηγήσασθαι βούλομαι τὰ πραχθέντα τῇ τελευταίᾳ ἡμέρᾳ. Σώστρατος ἦν μοι ἐπιτήδειος καὶ φίλος. τούτῳ ἡλίου δεδυκότος ἰόντι ἐξ ἀγροῦ ἀπήντησα. [23] εἰδὼς δ' ἐγὼ ὅτι τηνικαῦτα ἀφιγμένος οὐδέν καταλήψοιτο οἴκοι τῶν ἐπιτηδείων, ἐκέλευον συνδειπνεῖν· καὶ ἐλθόντες οἴκαδε ὡς ἐμέ, ἀναβάντες εἰς τὸ ὑπερῷον ἐδειπνοῦμεν. ἐπειδὴ δὲ καλῶς αὐτῷ εἶχεν, ἐκεῖνος μὲν ἀπιὼν ᾤχετο, ἐγὼ δ' ἐκάθευδον. ὁ δ' Ἐρατοσθένης, ὦ ἄνδρες, εἰσέρχεται, καὶ ἡ θεράπαινα ἐπεγείρασά με εὐθὺς φράζει ὅτι ἔνδον ἐστί. κἀγὼ εἰπὼν ἐκείνῃ ἐπιμελέσθαι τῆς θύρας, καταβὰς σιωπῇ ἐξέρχομαι, καὶ ἀφικνοῦμαι ὡς τὸν καὶ τόν, καὶ τοὺς μὲν ⟨οὐκ⟩ ἔνδον κατέλαβον, τοὺς δὲ οὐδ' ἐπιδημοῦντας ηὗρον. [24] παραλαβὼν δ' ὡς οἷόν τε ἦν πλείστους ἐκ τῶν παρόντων ἐβάδιζον. καὶ δᾷδας λαβόντες ἐκ τοῦ ἐγγύτατα καπηλείου εἰσερχόμεθα, ἀνεῳγμένης τῆς θύρας καὶ ὑπὸ τῆς ἀνθρώπου παρεσκευασμένης. ὤσαντες δὲ τὴν θύραν τοῦ δωματίου οἱ μὲν πρῶτοι εἰσιόντες ἔτι εἴδομεν αὐτὸν κατακείμενον παρὰ τῇ γυναικί, οἱ δ' ὕστερον ἐν τῇ κλίνῃ γυμνὸν ἑστηκότα. [25] ἐγὼ δ', ὦ ἄνδρες, πατάξας καταβάλλω αὐτόν, καὶ τὼ χεῖρε περιαγαγὼν εἰς τοὐπισθεν καὶ δήσας ἠρώτων διὰ τί ὑβρίζει εἰς τὴν οἰκίαν τὴν ἐμὴν εἰσιών. κἀκεῖνος ἀδικεῖν μὲν ὡμολόγει, ἠντεβόλει δὲ καὶ ἱκέτευε μὴ ἀποκτεῖναι ἀλλ' ἀργύριον πράξασθαι. [26] ἐγὼ δ' εἶπον ὅτι "οὐκ ἐγώ σε ἀποκτενῶ, ἀλλ' ὁ τῆς πόλεως νόμος, ὃν σὺ παραβαίνων περὶ ἐλάττονος τῶν ἡδονῶν ἐποιήσω, καὶ μᾶλλον εἵλου τοιοῦτον ἁμάρτημα ἐξαμαρτάνειν εἰς τὴν γυναῖκα τὴν ἐμὴν καὶ εἰς τοὺς παῖδας τοὺς ἐμοὺς ἢ τοῖς νόμοις πείθεσθαι καὶ κόσμιος εἶναι." [27] οὕτως, ὦ ἄνδρες, ἐκεῖνος τούτων ἔτυχεν ὧνπερ οἱ νόμοι κελεύουσι τοὺς τὰ τοιαῦτα πράττοντας, οὐκ εἰσαρπασθεὶς ἐκ τῆς ὁδοῦ, οὐδ' ἐπὶ τὴν ἑστίαν καταφυγών, ὥσπερ οὗτοι λέγουσι· πῶς γὰρ ἄν, ὅστις ἐν τῷ δωματίῳ πληγεὶς κατέπεσεν εὐθύς, περιέστρεψα δ' αὐτοῦ τὼ χεῖρε, ἔνδον δὲ ἦσαν ἄνθρωποι τοσοῦτοι, οὓς διαφυγεῖν οὐκ ἐδύνατο, οὔτε σίδηρον οὔτε ξύλον οὔτε ἄλλο οὐδὲν ἔχων, ᾧ τοὺς εἰσελθόντας ἂν ἠμύνατο; [28] ἀλλ', ὦ ἄνδρες, οἶμαι καὶ ὑμᾶς εἰδέναι ὅτι οἱ μὴ τὰ δίκαια πράττοντες οὐχ ὁμολογοῦσι τοὺς ἐχθροὺς λέγειν ἀληθῆ, ἀλλ' αὐτοὶ ψευδόμενοι καὶ τὰ τοιαῦτα μηχανώμενοι ὀργὰς τοῖς ἀκούουσι κατὰ τῶν τὰ δίκαια πραττόντων παρασκευάζουσι. πρῶτον μὲν οὖν ἀνάγνωθι τὸν νόμον.

Νόμος

[29] οὐκ ἠμφεσβήτει, ὦ ἄνδρες, ἀλλ' ὡμολόγει ἀδικεῖν, καὶ ὅπως μὲν μὴ ἀποθάνῃ ἠντεβόλει καὶ ἱκέτευεν, ἀποτίνειν δ' ἕτοιμος ἦν χρήματα. ἐγὼ δὲ τῷ μὲν ἐκείνου τιμήματι οὐ συνεχώρουν, τὸν δὲ τῆς πόλεως νόμον ἠξίουν εἶναι κυριώτερον, καὶ ταύτην ἔλαβον τὴν δίκην, ἣν ὑμεῖς δικαιοτάτην εἶναι ἡγησάμενοι τοῖς τὰ τοιαῦτα ἐπιτηδεύουσιν ἐτάξατε. καί μοι ἀνάβητε τούτων μάρτυρες.

Μάρτυρες

[30] ἀνάγνωθι δέ μοι καὶ τοῦτον τὸν νόμον ⟨τὸν⟩ ἐκ τῆς στήλης τῆς ἐξ Ἀρείου πάγου.

Νόμος

ἀκούετε, ὦ ἄνδρες, ὅτι αὐτῷ τῷ δικαστηρίῳ τῷ ἐξ Ἀρείου πάγου, ᾧ καὶ πάτριόν ἐστι καὶ ἐφ' ἡμῶν ἀποδέδοται τοῦ φόνου τὰς δίκας δικάζειν, διαρρήδην εἴρηται τούτου μὴ καταγιγνώσκειν φόνον, ὃς ἂν ἐπὶ δάμαρτι τῇ ἑαυτοῦ μοιχὸν λαβὼν ταύτην τὴν τιμωρίαν ποιήσηται. [31] καὶ οὕτω σφόδρα ὁ νομοθέτης ἐπὶ ταῖς γαμεταῖς γυναιξὶ δίκαια ταῦτα ἡγήσατο εἶναι, ὥστε καὶ ἐπὶ ταῖς παλλακαῖς ταῖς ἐλάττονος ἀξίαις τὴν αὐτὴν δίκην ἐπέθηκε. καίτοι δῆλον ὅτι, εἴ τινα εἶχε ταύτης μείζω τιμωρίαν ἐπὶ ταῖς γαμεταῖς, ἐποίησεν ἄν· νῦν δὲ οὐχ οἷός τε ὢν ταύτης ἰσχυροτέραν ἐπ' ἐκείναις ἐξευρεῖν, τὴν αὐτὴν καὶ ἐπὶ ταῖς παλλακαῖς ἠξίωσε γίγνεσθαι. ἀνάγνωθι δέ μοι καὶ τοῦτον τὸν νόμον.

Νόμος

[32] ἀκούετε, ὦ ἄνδρες, ὅτι κελεύει, ἐάν τις ἄνθρωπον ἐλεύθερον ἢ παῖδα αἰσχύνῃ βίᾳ, διπλῆν τὴν βλάβην ὀφείλειν· ἐὰν δὲ γυναῖκα, ἐφ' αἷσπερ ἀποκτείνειν ἔξεστιν, ἐν τοῖς αὐτοῖς ἐνέχεσθαι· οὕτως, ὦ ἄνδρες, τοὺς βιαζομένους ἐλάττονος ζημίας ἀξίους ἡγήσατο εἶναι ἢ τοὺς πείθοντας· τῶν μὲν γὰρ θάνατον κατέγνω, τοῖς δὲ διπλῆν ἐποίησε τὴν βλάβην, ἡγούμενος τοὺς μὲν διαπραττομένους βίᾳ ὑπὸ τῶν βιασθέντων μισεῖσθαι, [33] τοὺς δὲ πείσαντας οὕτως αὐτῶν τὰς ψυχὰς διαφθείρειν, ὥστ' οἰκειοτέρας αὑτοῖς ποιεῖν τὰς ἀλλοτρίας γυναῖκας ἢ τοῖς ἀνδράσι, καὶ πᾶσαν ἐπ' ἐκείνοις τὴν οἰκίαν γεγονέναι, καὶ τοὺς παῖδας ἀδήλους εἶναι ὁποτέρων τυγχάνουσιν ὄντες, τῶν ἀνδρῶν ἢ τῶν μοιχῶν. ἀνθ' ὧν ὁ τὸν νόμον τιθεὶς θάνατον αὐτοῖς ἐποίησε τὴν ζημίαν. [34] ἐμοῦ τοίνυν, ὦ ἄνδρες, οἱ μὲν νόμοι οὐ μόνον ἀπεγνωκότες εἰσὶ μὴ ἀδικεῖν, ἀλλὰ καὶ κεκελευκότες ταύτην τὴν δίκην λαμβάνειν· ἐν ὑμῖν δ' ἐστὶ πότερον χρὴ τούτους ἰσχυροὺς ἢ μηδενὸς ἀξίους εἶναι. [35] ἐγὼ μὲν γὰρ οἶμαι πάσας τὰς πόλεις διὰ τοῦτο τοὺς νόμους τίθεσθαι, ἵνα, περὶ ὧν ἂν πραγμάτων ἀπορῶμεν, παρὰ τούτους ἐλθόντες σκεψώμεθα ὅ τι ἡμῖν ποιητέον ἐστίν. οὗτοι τοίνυν περὶ τῶν τοιούτων τοῖς ἀδικουμένοις τοιαύτην δίκην λαμβάνειν παρακελεύονται. [36] οἷς ὑμᾶς ἀξιῶ τὴν αὐτὴν γνώμην ἔχειν· εἰ δὲ μή, τοιαύτην ἄδειαν τοῖς μοιχοῖς ποιήσετε, ὥστε καὶ τοὺς κλέπτας ἐπαρεῖτε φάσκειν μοιχοὺς εἶναι, εὖ εἰδότας ὅτι, ἐὰν ταύτην τὴν αἰτίαν περὶ ἑαυτῶν λέγωσι καὶ ἐπὶ τούτῳ φάσκωσιν εἰς τὰς ἀλλοτρίας οἰκίας εἰσιέναι, οὐδεὶς αὐτῶν ἅψεται. πάντες γὰρ εἴσονται ὅτι τοὺς μὲν νόμους τῆς μοιχείας χαίρειν ἐᾶν δεῖ, τὴν δὲ ψῆφον τὴν ὑμετέραν δεδιέναι· αὕτη γάρ ἐστι πάντων τῶν ἐν τῇ πόλει κυριωτάτη.

[37] σκέψασθε δέ, ὦ ἄνδρες· κατηγοροῦσι γάρ μου ὡς ἐγὼ τὴν θεράπαιναν ἐν ἐκείνῃ τῇ ἡμέρᾳ μετελθεῖν ἐκέλευσα τὸν νεανίσκον. ἐγὼ δέ, ὦ ἄνδρες, δίκαιον μὲν ἂν ποιεῖν ἡγούμην ᾡτινιοῦν τρόπῳ τὸν τὴν γυναῖκα τὴν ἐμὴν διαφθείραντα λαμβάνων [38] (εἰ μὲν γὰρ λόγων εἰρημένων ἔργου δὲ μηδενὸς γεγενημένου μετελθεῖν ἐκέλευον ἐκεῖνον, ἠδίκουν ἄν· εἰ δὲ ἤδη πάντων διαπεπραγμένων καὶ πολλάκις εἰσεληλυθότος εἰς τὴν

οἰκίαν τὴν ἐμὴν ᾡτινιοῦν τρόπῳ ἐλάμβανον αὐτόν, σωφρονεῖν ⟨ἂν⟩ ἐμαυτὸν ἡγούμην)· [39] σκέψασθε δὲ ὅτι καὶ ταῦτα ψεύδονται· ῥᾳδίως δὲ ἐκ τῶνδε γνώσεσθε. ἐμοὶ γάρ, ὦ ἄνδρες, ὅπερ καὶ πρότερον εἶπον, φίλος ὢν Σώστρατος καὶ οἰκείως διακείμενος ἀπαντήσας ἐξ ἀγροῦ περὶ ἡλίου δυσμὰς συνεδείπνει, καὶ ἐπειδὴ καλῶς εἶχεν αὐτῷ, ἀπιὼν ᾤχετο. [40] καίτοι πρῶτον μέν, ὦ ἄνδρες, ἐνθυμήθητε· [ὅτι] εἰ ἐν ἐκείνῃ τῇ νυκτὶ ἐγὼ ἐπεβούλευον Ἐρατοσθένει, πότερον ἦν μοι κρεῖττον αὐτῷ ἑτέρωθι δειπνεῖν ἢ τὸν συνδειπνήσοντά μοι εἰσαγαγεῖν; οὕτω γὰρ ἂν ἧττον ἐτόλμησεν ἐκεῖνος εἰσελθεῖν εἰς τὴν οἰκίαν. εἶτα δοκῶ ἂν ὑμῖν τὸν συνδειπνοῦντα ἀφεὶς μόνος καταλειφθῆναι καὶ ἔρημος γενέσθαι, ἢ κελεύειν ἐκεῖνον μεῖναι, ἵνα μετ' ἐμοῦ τὸν μοιχὸν ἐτιμωρεῖτο; [41] ἔπειτα, ὦ ἄνδρες, οὐκ ἂν δοκῶ ὑμῖν τοῖς ἐπιτηδείοις μεθ' ἡμέραν παραγγεῖλαι, καὶ κελεῦσαι αὐτοὺς συλλεγῆναι εἰς οἰκίαν τῶν φίλων τὴν ἐγγυτάτω, μᾶλλον ἢ ἐπειδὴ τάχιστα ᾐσθόμην τῆς νυκτὸς περιτρέχειν, οὐκ εἰδὼς ὅντινα οἴκοι καταλήψομαι καὶ ὅντινα ἔξω; καὶ ὡς Ἁρμόδιον μὲν καὶ τὸν δεῖνα ἦλθον οὐκ ἐπιδημοῦντας (οὐ γὰρ ᾔδη), ἑτέρους δὲ οὐκ ἔνδον ὄντας κατέλαβον, οὓς δ' οἷός τε ἦ λαβὼν ἐβάδιζον. [42] καίτοι γε εἰ προῄδη, οὐκ ἂν δοκῶ ὑμῖν καὶ θεράποντας παρασκευάσασθαι καὶ τοῖς φίλοις παραγγεῖλαι, ἵν' ὡς ἀσφαλέστατα μὲν αὐτὸς εἰσῇα (τί γὰρ ᾔδη εἴ τι κἀκεῖνος εἶχε σιδήριον;), ὡς μετὰ πλείστων δὲ μαρτύρων τὴν τιμωρίαν ἐποιούμην; νῦν δ' οὐδὲν εἰδὼς τῶν ἐσομένων ἐκείνῃ τῇ νυκτί, οὓς οἷός τε ἦ παρέλαβον. καί μοι ἀνάβητε τούτων μάρτυρες.

Μάρτυρες

[43] τῶν μὲν μαρτύρων ἀκηκόατε, ὦ ἄνδρες· σκέψασθε δὲ παρ' ὑμῖν αὐτοῖς οὕτως περὶ τούτου τοῦ πράγματος, ζητοῦντες εἴ τις ἐμοὶ καὶ Ἐρατοσθένει ἔχθρα πώποτε γεγένηται πλὴν ταύτης. οὐδεμίαν γὰρ εὑρήσετε. [44] οὔτε γὰρ συκοφαντῶν γραφάς με ἐγράψατο, οὔτε ἐκβάλλειν ἐκ τῆς πόλεως ἐπεχείρησεν, οὔτε ἰδίας δίκας ἐδικάζετο, οὔτε συνῄδει κακὸν οὐδὲν ὃ ἐγὼ δεδιὼς μή τις πύθηται ἐπεθύμουν αὐτὸν ἀπολέσαι, οὔτε εἰ ταῦτα διαπραξαίμην, ἤλπιζόν ποθεν χρήματα λήψεσθαι· ἔνιοι γὰρ τοιούτων πραγμάτων ἕνεκα θάνατον ἀλλήλοις ἐπιβουλεύουσι. [45] τοσούτου τοίνυν δεῖ ἢ λοιδορία ἢ παροινία ἢ ἄλλη τις διαφορὰ ἡμῖν γεγονέναι, ὥστε οὐδὲ ἑορακὼς ἦ τὸν ἄνθρωπον πώποτε πλὴν ἐν ἐκείνῃ τῇ νυκτί. τί ἂν

οὖν βουλόμενος ἐγὼ τοιοῦτον κίνδυνον ἐκινδύνευον, εἰ μὴ τὸ μέγιστον τῶν ἀδικημάτων ἦ ὑπ' αὐτοῦ ἠδικημένος; [46] ἔπειτα παρακαλέσας αὐτὸς μάρτυρας ἠσέβουν, ἐξόν μοι, εἴπερ ἀδίκως ἐπεθύμουν αὐτὸν ἀπολέσαι, μηδένα μοι τούτων συνειδέναι;

[47] ἐγὼ μὲν οὖν, ὦ ἄνδρες, οὐκ ἰδίαν ὑπὲρ ἐμαυτοῦ νομίζω ταύτην γενέσθαι τὴν τιμωρίαν, ἀλλ' ὑπὲρ τῆς πόλεως ἁπάσης· οἱ γὰρ τοιαῦτα πράττοντες, ὁρῶντες οἷα τὰ ἆθλα πρόκειται τῶν τοιούτων ἁμαρτημάτων, ἧττον εἰς τοὺς ἄλλους ἐξαμαρτήσονται, ἐὰν καὶ ὑμᾶς ὁρῶσι τὴν αὐτὴν γνώμην ἔχοντας. [48] εἰ δὲ μή, πολὺ κάλλιον τοὺς μὲν κειμένους νόμους ἐξαλεῖψαι, ἑτέρους δὲ θεῖναι, οἵτινες τοὺς μὲν φυλάττοντας τὰς ἑαυτῶν γυναῖκας ταῖς ζημίαις ζημιώσουσι, τοῖς δὲ βουλομένοις εἰς αὐτὰς ἁμαρτάνειν πολλὴν ἄδειαν ποιήσουσι. [49] πολὺ γὰρ οὕτω δικαιότερον ἢ ὑπὸ τῶν νόμων τοὺς πολίτας ἐνεδρεύεσθαι, οἳ κελεύουσι μέν, ἐάν τις μοιχὸν λάβῃ, ὅ τι ἂν οὖν βούληται χρῆσθαι, οἱ δ' ἀγῶνες δεινότεροι τοῖς ἀδικουμένοις καθεστήκασιν ἢ τοῖς παρὰ τοὺς νόμους τὰς ἀλλοτρίας καταισχύνουσι γυναῖκας. [50] ἐγὼ γὰρ νῦν καὶ περὶ τοῦ σώματος καὶ περὶ τῶν χρημάτων καὶ περὶ τῶν ἄλλων ἁπάντων κινδυνεύω, ὅτι τοῖς τῆς πόλεως νόμοις ἐπειθόμην.

Commentary on Lysias 1
On the Murder of Eratosthenes

[1.1]
περὶ πολλοῦ ἂν ποιησαίμην] This is a common phrase in Lysias' works that means "to value highly" or, more colloquially, "to be pleased" (S. 1373).
τὸ τοιούτους ὑμᾶς ἐμοὶ δικαστὰς περὶ τούτου τοῦ πράγματος γενέσθαι] τὸ ... γενέσθαι is an articular infinitive, ὑμᾶς is its subject.
πεπονθότες] Conditional participle.
ἔχοιτε, εἴη] Optatives in a future less vivid conditional sentence (S. 2329).

[1.2]
τῶν αὐτῶν] Genitive object of τυγχάνειν.
τυγχάνειν] Infinitive in a result clause showing the intended or natural result of the action (S. 2258).
τῷ βελτίστῳ] With τυγχάνειν τῶν αὐτῶν = "obtain the same things as the best people" (C. 65, Cam. 15).

[1.3]
διακεῖσθαι] Infinitive in indirect discourse governed by νομίζω above.
ὅστις οἴεται] Relative result clause (S. 2556, Sc. 3).

[1.4]
τοῦτο] Coordinates with ὡς, describing what Euphiletus must demonstrate to the jury.
Ἐρατοσθένης] This proper name is declined like ὁ Σωκράτης, τοῦ Σωκράτους, etc.. The complete declension is given in S. 264.
εἰσιών] From εἴσειμι.
γένωμαι] Aorist subjunctive in a purpose clause introduced by ἵνα (S. 2193-2196).
ἄλλου κέρδους οὐδενὸς ...] Read ἕνεκα ἔπραξα ταῦτα a second time with this phrase.

[1.5]
ἐὰν ... δυνηθῶ] Subjunctive in the protasis of a present general condition.

[1.6]
τὸν μὲν ἄλλον χρόνον] Accusative showing extent of time (S. 1582).

[1.6]

λυπεῖν and εἶναι] Infinitives in a clause of natural result with ὥστε.
ὡς οἷόν τε ἦν] "As far as was possible". For use of this colloquial phrase, see LSJ s.v. οἷος III.2.
τὰ ἐμαυτοῦ] τὰ is used as a substantive; ἐμαυτοῦ is a possessive genitive.

[1.7]

πασῶν] Partitive genitive, describing the general class to which his wife belongs (S. 1306).
[ἀγαθή]] Square brackets are used to mark words that modern editors suspect were mistakenly inserted into the text by previous editors.
ἣ πάντων τῶν κακῶν ἀποθανοῦσα αἰτία μοι γεγένηται, ...] The speaker stops mid-sentence. In the next sentence, he abruptly begins to talk about the funeral. See C. 67-68 for an extended discussion of the reasons for this abrupt break.

[1.8]

ἀκολουθήσασα, ὀφθεῖσα] Circumstantial participles.
ὀφθεῖσα] Aorist passive from ὁράω.
χρόνῳ] = "eventually". χρόνῳ is a dative of time (S. 1540).

[1.9]

κατὰ τὴν γυναικωνῖτιν καὶ κατὰ τὴν ἀνδρωνῖτιν] κατά ... κατά is distributive. I.e., "in the one ... in the other" (S. 1690.2).
δέοι] Optative in an indefinite temporal clause (S. 2394).
κινδυνεύῃ] Subjunctive in a negative purpose clause introduced by ἵνα μή. The subjunctive is retained in secondary sequence (S. 2197).
διῃτώμην] From διαιτάω.

[1.10]

ὡς] ὡς + the accusative describing a person serves as the preposition "to" (S. 1702).
διδῷ καὶ μὴ βοᾷ] See above 1.9 on κινδυνεύῃ.
πολὺν χρόνον] Accusative showing the extent of time.
ᾤμην] From οἴομαι.

[1.11]

προϊόντος δὲ τοῦ χρόνου] Genitive absolute.
ποιῇ] See above 1.9 on κινδυνεύῃ.
ἐπίτηδες] Adverb. "On purpose".

[1.12]

ὕστερον γὰρ] γὰρ marks this statement as an aside that allows Euphiletus to explain that he did not know that Eratosthenes was in his house until later.
παύσηται] See above 1.9 on κινδυνεύῃ.
ἡ δὲ ...] ἡ = Euphiletus' wife.
τὸ μὲν πρῶτον] Adverbial. "At first".
ὡς ἂν ἀσμένη] ὡς ἂν + the participle = "as if, on the grounds that".
εἷλκες] From ἕλκω.

[1.13]
ἀναστᾶσα, ἀπιοῦσα, and προσποιουμένη] Circumstantial participles.
τὴν κλεῖν ἐφέλκεται] Because the room upstairs had previously been the women's quarters, it could be secured from the outside, locking the inhabitants in. (See Xen. *Oec.* 9.5, and the notes at Sc. 5, C. 71, Cam. 22).
τούτων οὐδὲν ἐνθυμούμενος] ἐνθυμούμενος governs the genitive τούτων (Sc. 5, Cam. 22).

[1.14]
ἀνέῳξεν] From ἀνοίγνυμι.
ἐρομένου δέ μου] Circumstantial genitive absolute.
ψοφοῖεν] Optative in an indirect question (S. 2663-2677).
τοῦ ἀδελφοῦ τεθνεῶτος] Concessive genitive absolute.
τριάκονθ᾽ ἡμέρας] Genitive of time within which.
ᾠχόμην] From οἴχομαι.
σιωπῇ] Dative of manner.

[1.15]
χρόνου μεταξὺ] = "a short time".
ἀπολελειμμένου] Perfect participle of ἀπολείπω; literally "to be apart from" so figuratively "to be unaware" (S. 5, C. 71).
ὡς ἐγὼ ὕστερον ἤκουον] See note on ὕστερον γὰρ in 1.12. ἤκουον is from ἀκούω.
εἴη] Optative in an indirect question (S. 2663-2677).

[1.16]
τῆς οἰκίας] Read with ἐγγύς (C. 71, Sc. 6).
ὤν] Complementary participle with τυγχάνει.
λάβῃς and βασανίσῃς] Subjunctives in a future more vivid condition.
'Οῆθεν] = "from the deme of Oe".

[1.17]
ἀπηλλάγη] From ἀπαλλάττω.
ἦ] First person singular imperfect active indicative of εἰμί. (Note the repetition of this phrase below).
ἐψόφει] From ψοφέω.

[1.18]
ἐλθὼν] Temporal participle.
ὡς τῶν ἐπιτηδείων τινὰ] See the note on 1.10.
δυοῖν] Dual with ὁπότερον. "Which of two".
ἐμπεσεῖν, παύσασθαι, παθεῖν, and τυχεῖν] These infinitives are all governed by ἔξεστι.
τῶν ἡμαρτημένων] Depends on συγγνώμης.
ψεύσῃ] Prohibitive subjunctive (S. 1800).

[1.19]
εἰδέναι] Infinitive in implied indirect διοψουρσε (C. 73, Sc. 7).

Ἐρατοσθένους] Genitive object of ἐμνήσθην (S. 1356).
ἐξεπλάγη] Aorist passive third person singular from ἐκπλήγνυμι.

[1.20]
μετὰ] μετὰ + the accusative has a temporal sense in this passage (S. 1691).
προσίοι] Third person singular present active optative from πρόσειμι.
Θεσμοφορίοις] Dative showing the time when the action took place. "At the Thesmophoria" (S. 1540).
ἐμοῦ ... ὄντος] Genitive absolute showing the time within which the action took place.

[1.21]
αὐτῇ] Dative of agent with the perfect passive verb.
ὅπως ... πεύσεται] ὅπως with a future indicative denotes an urgent exhortation or command (S. 1920, Sc. 7).

[1.22]
πέντε, ...] Part of the text is missing where Euphiletus must promise to show some important fact about the case because, as Scodel points out, "Euphiletus hardly needs weighty proofs that several days passed" (Sc. 8).
τῇ τελευταίᾳ ἡμέρᾳ] Dative of time when, i.e., the day before the killing.
τούτῳ ... ἰόντι] Dative with ἀπήντησα.
ἡλίου δεδυκότος] Temporal genitive absolute. The perfect participle denotes the completion of the action.
ἀπήντησα] From ἀπαντάω.

[1.23]
τηνικαῦτα] Adverb. "At that hour".
οἴκοι] Adverb. "At home".
τῶν ἐπιτηδείων] Genitive with οὐδέν.
εἰς τὸ ὑπερῷον] Euphiletus' rooms were upstairs. See the description of the living arrangement in §§9-10.
ὡς ἐμέ] See note on 1.10.
ὡς τὸν καὶ τόν] τόν is used as a demonstrative, i.e, "to this person and that person". ὡς is again used as a preposition.

[1.24]
ὡς οἷόν τε ἦν πλείστους] "As many as possible".
ὤσαντες] Aorist active participle, nominative plural, from ὠθέω.
ἔτι] With κατακείμενον, to emphasize that Eratosthenes had been caught "red-handed" (Cam. 30).

[1.25]
τὼ χεῖρε] Accusative dual.
ἀργύριον πράξασθαι] I.e., a fine levied for committing adultery. See the discussion at C.75.

[1.26]
περὶ ἐλάττονος τῶν ἡδονῶν ἐποιήσω] "Consider less important

than pleasure". Compare with περὶ πολλοῦ ἂν ποιησαίμην in 1.1.
ἤ] Comparative conjunction, introduced by μᾶλλον earlier in the sentence.

[1.27]
τούτων] Genitive object of ἔτυχεν.
οὐκ εἰσαρπασθεὶς ... ὥσπερ οὗτοι λέγουσι] Euphiletus must be alluding to some of the arguments that the prosecution had made against him. These are addressed in more detail starting at 1.37.
πῶς γὰρ ἄν] "How could this be so?"
ἠμύνατο] Aorist middle from ἀμύνω.

[1.28]
ὀργὰς] Accusative object of παρασκευάζουσι.
ἀνάγνωθι] Addressed to a clerk in the court who would have read the law on adultery that Euphiletus has invoked (C. 76).
Νόμος] This indicates the point in the speech where the clerk would have read the law to jury.

[1.29]
ἀποθάνῃ] Aorist subjunctive in a clause introduced by a verb of supplication to express the purpose of the request. This appears in place of a more usual infinitive (S. 2218, Sc. 9).
ἀποτίνειν] Complementary with ἕτοιμος ἦν.
χρήματα] See note on ἀργύριον πράξασθαι in 1.25.
ἀνάβητε] Addressed to the clerk or court official, as ἀνάγνωθι above in 1.28 and below in 1.30.
Μάρτυρες] This indicates the point at which the witnesses would have come forward to testify, similar to the use of νόμος in the previous section.

[1.30]
διαρρήδην] Adverb = "explicitly".
τούτου μὴ καταγιγνώσκειν φόνον] καταγιγνώσκειν takes a genitive of the person and an accusative of the crime (S. 1385).

[1.31]
ἐλάττονος] Genitive of value with ἀξίαις.
οὐχ οἷός τε ὤν] The participle is causal but the construction is the same as ὡς οἷόν τε ἦν in 1.7. "Because it was not possible".
ταύτης] Comparative genitive.

[1.32]
αἰσχύνῃ βίᾳ] αἰσχύνῃ is from αἰσχύνω not αἰσχύνη, βίᾳ is a dative of manner.
ἐὰν δὲ γυναῖκα] Read αἰσχύνῃ a second time with this phrase.
τῶν μὲν γὰρ θάνατον] τῶν is the genitive of the person, θάνατον the accusative of the penalty with κατέγνω (S. 1385). Compare the similar construction in 1.30 above.

κατέγνω] From καταγιγνώσκω.
βίᾳ] Dative of manner with τοὺς μὲν διαπραττομένους.

[1.33]
αὐτῶν] Genitive of possession with τὰς ψυχὰς.
οἰκειοτέρας αὑτοῖς] αὑτοῖς is from ἑαυτοῦ not αὐτός (S. 327-329).
ἢ τοῖς ἀνδράσι] Comparative with οἰκειοτέρας αὑτοῖς. ἢ is a comparative conjunction, τοῖς ἀνδράσι is parallel with αὑτοῖς.
τὸν νόμον] Accusative object of ὁ τιθείς.

[1.34]
ἐμοῦ] Genitive with ἀπεγνωκότες.
μὴ ἀδικεῖν] The μή is redundant here after a verb with a negative meaning (C. 80, Sc. 11, Cam. 34).
ἀλλὰ καὶ] καί is emphatic, "but even ordering me ...".

[1.35]
πάσας τὰς πόλεις] "Each city".
παρὰ τούτους] I.e., the laws.
ποιητέον] Verbal adjective denoting necessity with a dative of agent (S. 2149-2152).

[1.36]
εἴσονται] Future from οἶδα.
χαίρειν ἐᾶν] = This is a phrase meaning "to have fallen by the wayside". ἐᾶν is the infinitive of ἐάω governed by δεῖ. (For the phrase, see LSJ *s.v.* χαίρω III.2.c).
δεδιέναι] Governed by δεῖ, parallel to ἐᾶν.
αὕτη] = ἡ ψῆφος.

[1.37]
σκέψασθε δέ] Euphiletus begins to refute the charges that the prosecution has brought against him. He has already alluded to these claims in 1.27.
θεράπαιναν] Object of ἐκέλευσα.
τὸν νεανίσκον] Object of μετελθεῖν.
ᾡτινιοῦν τρόπῳ] Dative of manner.

[1.38]
λόγων εἰρημένων and **ἔργου μηδενὸς γεγενημένου**] Circumstantial genitive absolutes.
ἠδίκουν ἄν] Apodosis of a past contrafactual condition.

[1.39]
ταῦτα ψεύδονται] ταῦτα is an accusative of respect (S. 1600).

[1.40]
ἐτόλμησεν] The subject is ἐκεῖνος referring to Eratosthenes.
ἀφείς] From ἀφίημι.

[1.41]
μεθ' ἡμέραν] "During the day".
τὴν ἐγγυτάτω] Modifies οἰκίαν.
τῆς νυκτός] Genitive of time within which.

τὸν δεῖνα] "Another person".
ἤδη] From οἶδα.

[1.42]
ὡς ἀσφαλέστατα] ὡς + a superlative = "as ... as possible".
εἰσῄα] From εἴσειμι.
ἐκείνῃ τῇ νυκτί] Dative of time when.

[1.44]
συκοφαντῶν] Present participle of συκοφαντέω. Refers to Eratosthenes.
γραφάς με ἐγράψατο]·γράφω takes a double accusative, one showing the person charged, the other showing the charge (S. 1576).
πύθηται] Aorist subjunctive in a clause of fear (S. 2225).

[1.45]
τοσούτου] The verb δεῖ expresses the thing lacked in the genitive (S. 1397).
ἑορακὼς ἦ] Peraphrastic pluperfect form of ὁράω (See Cam. 39).
τῶν ἀδικημάτων] Depends on τὸ μέγιστον.
ἦ ... ἠδικημένος] Another peraphrastic pluperfect form.

[1.46]
ἐξόν μοι] Circumstantial participle in an impersonal construction. "When it was possible for me ... ".

[1.47]
ἰδίαν] Predicate object of γενέσθαι.
τὴν αὐτὴν γνώμην] Note the repetition of this idea from 1.1 and 1.36.

[1.48]
πολὺ κάλλιον] πολὺ emphasizes the comparative. I.e., "much better".
οἵτινες ... ζημιώσουσι ... ποιήσουσι] Relative purpose clause (S. 2554, C. 85).

[1.49]
πολὺ ... δικαιότερον] See πολὺ κάλλιον in 1.48.

[1.50]
ἐπειθόμην] πείθω in the middle voice with the dative = "obey".

Lysias 2
FUNERAL ORATION

[1] εἰ μὲν ἡγούμην οἷόν τε εἶναι, ὦ παρόντες ἐπὶ τῷδε τῷ τάφῳ, λόγῳ δηλῶσαι τὴν τῶν ἐνθάδε κειμένων ἀνδρῶν ἀρετήν, ἐμεμψάμην ἂν τοῖς ἐπαγγείλασιν [ἐπ' αὐτοῖς] ἐξ ὀλίγων ἡμερῶν λέγειν· ἐπειδὴ δὲ πᾶσιν ἀνθρώποις ὁ πᾶς χρόνος οὐχ ἱκανὸς λόγον ἴσον παρασκευάσαι τοῖς τούτων ἔργοις, διὰ τοῦτο καὶ ἡ πόλις μοι δοκεῖ, προνοουμένη τῶν ἐνθάδε λεγόντων, ἐξ ὀλίγου τὴν πρόσταξιν ποιεῖσθαι, ἡγουμένη οὕτως ἂν μάλιστα συγγνώμης αὐτοὺς παρὰ τῶν ἀκουσάντων τυγχάνειν. [2] ὅμως δὲ ὁ μὲν λόγος μοι περὶ τούτων, ὁ δ' ἀγὼν οὐ πρὸς τὰ τούτων ἔργα ἀλλὰ πρὸς τοὺς πρότερον ἐπ' αὐτοῖς εἰρηκότας. τοσαύτην γὰρ ἀφθονίαν παρεσκεύασεν ἡ τούτων ἀρετὴ καὶ τοῖς ποιεῖν δυναμένοις καὶ τοῖς εἰπεῖν βουληθεῖσιν, ὥστε καλὰ μὲν πολλὰ τοῖς προτέροις περὶ αὐτῶν εἰρῆσθαι, πολλὰ δὲ καὶ ἐκείνοις παραλελεῖφθαι, ἱκανὰ δὲ καὶ τοῖς ἐπιγιγνομένοις ἐξεῖναι εἰπεῖν· οὔτε γὰρ γῆς ἄπειροι οὔτε θαλάττης οὐδεμιᾶς, πανταχῇ δὲ καὶ παρὰ πᾶσιν ἀνθρώποις οἱ τὰ αὑτῶν πενθοῦντες κακὰ τὰς τούτων ἀρετὰς ὑμνοῦσι.

[3] πρῶτον μὲν οὖν τοὺς παλαιοὺς κινδύνους τῶν προγόνων δίειμι, μνήμην παρὰ τῆς φήμης λαβών· ἄξιον γὰρ πᾶσιν ἀνθρώποις κἀκείνων μεμνῆσθαι, ὑμνοῦντας μὲν ἐν ταῖς ᾠδαῖς, λέγοντας δ' ἐν ταῖς τῶν ἀγαθῶν μνήμαις, τιμῶντας δ' ἐν τοῖς καιροῖς τοῖς τοιούτοις, παιδεύοντας δ' ἐν τοῖς τῶν τεθνεώτων ἔργοις τοὺς ζῶντας.

[4] Ἀμαζόνες γὰρ Ἄρεως μὲν τὸ παλαιὸν ἦσαν θυγατέρες, οἰκοῦσαι [δὲ] παρὰ τὸν Θερμώδοντα ποταμόν, μόναι μὲν ὡπλισμέναι σιδήρῳ τῶν περὶ αὐτάς, πρῶται δὲ τῶν πάντων ἐφ' ἵππους ἀναβᾶσαι, οἷς ἀνελπίστως δι' ἀπειρίαν τῶν ἐναντίων ᾕρουν μὲν τοὺς φεύγοντας, ἀπέλειπον δὲ τοὺς

διώκοντας· ἐνομίζοντο δὲ διὰ τὴν εὐψυχίαν μᾶλλον ἄνδρες ἢ διὰ
τὴν φύσιν γυναῖκες· πλέον γὰρ ἐδόκουν τῶν ἀνδρῶν ταῖς
ψυχαῖς διαφέρειν ἢ ταῖς ἰδέαις ἐλλείπειν. [5] ἄρχουσαι δὲ
πολλῶν ἐθνῶν, καὶ ἔργῳ μὲν τοὺς περὶ αὐτὰς
καταδεδουλωμέναι, λόγῳ δὲ περὶ τῆσδε τῆς χώρας ἀκούουσαι
κλέος μέγα, πολλῆς δόξης καὶ μεγάλης ἐλπίδος χάριν
παραλαβοῦσαι τὰ μαχιμώτατα τῶν ἐθνῶν ἐστράτευσαν ἐπὶ
τήνδε τὴν πόλιν. τυχοῦσαι δ' ἀγαθῶν ἀνδρῶν ὁμοίας
ἐκτήσαντο τὰς ψυχὰς τῇ φύσει, καὶ ἐναντίαν τὴν δόξαν τῆς
προτέρας λαβοῦσαι μᾶλλον ἐκ τῶν κινδύνων ἢ ἐκ τῶν
σωμάτων ἔδοξαν εἶναι γυναῖκες. [6] μόναις δ' αὐταῖς οὐκ
ἐξεγένετο ἐκ τῶν ἡμαρτημένων μαθούσαις περὶ τῶν λοιπῶν
ἄμεινον βουλεύσασθαι, οὐδ' οἴκαδε ἀπελθούσαις ἀπαγγεῖλαι τήν
τε σφετέραν αὐτῶν δυστυχίαν καὶ τὴν τῶν ἡμετέρων
προγόνων ἀρετήν· αὐτοῦ γὰρ ἀποθανοῦσαι, καὶ δοῦσαι δίκην
τῆς ἀνοίας, τῇσδε μὲν τῆς πόλεως διὰ τὴν ἀρετὴν ἀθάνατον
⟨τὴν⟩ μνήμην ἐποίησαν, τὴν δὲ ἑαυτῶν πατρίδα διὰ τὴν ἐνθάδε
συμφορὰν ἀνώνυμον κατέστησαν. ἐκεῖναι μὲν οὖν τῆς ἀλλοτρίας
ἀδίκως ἐπιθυμήσασαι τὴν ἑαυτῶν δικαίως ἀπώλεσαν.

[7] Ἀδράστου δὲ καὶ Πολυνείκους ἐπὶ Θήβας
στρατευσάντων καὶ ἡττηθέντων μάχῃ, οὐκ ἐώντων Καδμείων
θάπτειν τοὺς νεκρούς, Ἀθηναῖοι ἡγησάμενοι ἐκείνους μέν, εἴ τι
ἠδίκουν, ἀποθανόντας δίκην ἔχειν τὴν μεγίστην, τοὺς δὲ κάτω
τὰ αὑτῶν οὐ κομίζεσθαι, ἱερῶν δὲ μιαινομένων τοὺς ἄνω θεοὺς
ἀσεβεῖσθαι, τὸ μὲν πρῶτον πέμψαντες κήρυκας ἐδέοντο αὐτῶν
δοῦναι τῶν νεκρῶν ἀναίρεσιν, [8] νομίζοντες ἀνδρῶν μὲν
ἀγαθῶν εἶναι ζῶντας τοὺς ἐχθροὺς τιμωρήσασθαι,
ἀπιστούντων δὲ σφίσιν αὐτοῖς ἐν τοῖς τῶν τεθνεώτων σώμασι
τὴν εὐψυχίαν ἐπιδείκνυσθαι· οὐ δυνάμενοι δὲ τούτων τυχεῖν
ἐστράτευσαν ἐπ' αὐτούς, οὐδεμιᾶς διαφορᾶς πρότερον πρὸς
Καδμείους ὑπαρχούσης, οὐδὲ τοῖς ζῶσιν Ἀργείων χαριζόμενοι,
[9] ἀλλὰ τοὺς τεθνεῶτας ἐν τῷ πολέμῳ ἀξιοῦντες τῶν
νομιζομένων τυγχάνειν πρὸς τοὺς ἑτέρους ὑπὲρ ἀμφοτέρων
ἐκινδύνευσαν, ὑπὲρ μὲν τῶν, ἵνα μηκέτι εἰς τοὺς τεθνεῶτας
ἐξαμαρτάνοντες πλείω περὶ τοὺς θεοὺς ἐξυβρίσωσιν, ὑπὲρ δὲ
τῶν [ἑτέρων], ἵνα μὴ †πρότερον εἰς τὴν αὑτῶν ἀπέλθωσι
πατρίου τιμῆς ἀτυχήσαντες καὶ Ἑλληνικοῦ νόμου στερηθέντες
καὶ κοινῆς ἐλπίδος ἡμαρτηκότες. [10] ταῦτα διανοηθέντες, καὶ

τὰς ἐν τῷ πολέμῳ τύχας κοινὰς ἁπάντων ἀνθρώπων νομίζοντες, πολλοὺς μὲν πολεμίους κτώμενοι, τὸ δὲ δίκαιον ἔχοντες σύμμαχον ἐνίκων μαχόμενοι. καὶ οὐχ ὑπὸ τῆς τύχης ἐπαρθέντες μείζονος παρὰ Καδμείων τιμωρίας ἐπεθύμησαν, ἀλλ' ἐκείνοις μὲν ἀντὶ τῆς ἀσεβείας τὴν ἑαυτῶν ἀρετὴν ἐπεδείξαντο, αὐτοὶ δὲ λαβόντες τὰ ἆθλα ὧνπερ ἕνεκα ἀφίκοντο, τοὺς Ἀργείων νεκρούς, ἔθαψαν ἐν τῇ αὑτῶν Ἐλευσῖνι. περὶ μὲν οὖν τοὺς ἀποθανόντας τῶν ἑπτὰ ἐπὶ Θήβας τοιοῦτοι γεγόνασιν.

[11] ὑστέρῳ δὲ χρόνῳ, ἐπειδὴ Ἡρακλῆς μὲν ἐξ ἀνθρώπων ἠφανίσθη, οἱ δὲ παῖδες αὐτοῦ ἔφευγον μὲν Εὐρυσθέα, ἐξηλαύνοντο δὲ ὑπὸ πάντων τῶν Ἑλλήνων, αἰσχυνομένων μὲν τοῖς ἔργοις, φοβουμένων δὲ τὴν Εὐρυσθέως δύναμιν, ἀφικόμενοι εἰς τήνδε τὴν πόλιν ἱκέται ἐπὶ τῶν βωμῶν ἐκαθέζοντο· [12] ἐξαιτουμένου δὲ αὐτοὺς Εὐρυσθέως Ἀθηναῖοι οὐκ ἠθέλησαν ἐκδοῦναι, ἀλλὰ τὴν Ἡρακλέους ἀρετὴν μᾶλλον ᾐδοῦντο ἢ τὸν κίνδυνον τὸν ἑαυτῶν ἐφοβοῦντο, καὶ ἠξίουν ὑπὲρ τῶν ἀσθενεστέρων μετὰ τοῦ δικαίου διαμάχεσθαι μᾶλλον ἢ τοῖς δυναμένοις χαριζόμενοι τοὺς ὑπ' ἐκείνων ἀδικουμένους ἐκδοῦναι. [13] ἐπιστρατεύσαντος δ' Εὐρυσθέως μετὰ τῶν ἐν ἐκείνῳ τῷ χρόνῳ Πελοπόννησον ἐχόντων, οὐκ ἐγγὺς τῶν δεινῶν γενόμενοι μετέγνωσαν, ἀλλὰ τὴν αὐτὴν εἶχον γνώμην ἥνπερ πρότερον, ἀγαθὸν μὲν οὐδὲν ἰδίᾳ ὑπὸ τοῦ πατρὸς αὐτῶν πεπονθότες, ἐκείνους τ' οὐκ εἰδότες ὁποῖοί τινες ἄνδρες ἔσονται γενόμενοι· [14] δίκαιον δὲ νομίζοντες εἶναι, οὐ προτέρας ἔχθρας ὑπαρχούσης πρὸς Εὐρυσθέα, οὐδὲ κέρδους προκειμένου πλὴν δόξης ἀγαθῆς, τοσοῦτον κίνδυνον ὑπὲρ αὐτῶν ἤραντο, τοὺς μὲν ἀδικουμένους ἐλεοῦντες, τοὺς δ' ὑβρίζοντας μισοῦντες, καὶ τοὺς μὲν κωλύειν ἐπιχειροῦντες, τοῖς δ' ἐπικουρεῖν ἀξιοῦντες, ἡγούμενοι ἐλευθερίας μὲν σημεῖον εἶναι μηδὲν ποιεῖν ἄκοντας, δικαιοσύνης δὲ τοῖς ἀδικουμένοις βοηθεῖν, εὐψυχίας δ' ὑπὲρ τούτων ἀμφοτέρων, εἰ δέοι, μαχομένους ἀποθνῄσκειν. [15] τοσοῦτον δ' ἐφρόνουν ἀμφότεροι, ὥσθ' οἱ μὲν μετ' Εὐρυσθέως οὐδὲν παρ' ἑκόντων ἐζήτουν εὑρίσκεσθαι, Ἀθηναῖοι δὲ οὐκ ⟨ἂν⟩ ἠξίουν Εὐρυσθέα αὐτὸν ἱκετεύοντα τοὺς ἱκέτας αὐτῶν ἐξελεῖν. παραταξάμενοι δὴ ἰδίᾳ δυνάμει τὴν ἐξ ἁπάσης Πελοποννήσου στρατιὰν ἐλθοῦσαν ἐνίκων μαχόμενοι, καὶ τῶν Ἡρακλέους παίδων τὰ μὲν σώματα εἰς ἄδειαν κατέστησαν, ἀπαλλάξαντες δὲ τοῦ δέους καὶ τὰς ψυχὰς ἠλευθέρωσαν, διὰ δὲ

τὴν τοῦ πατρὸς ἀρετὴν ἐκείνους τοῖς αὑτῶν κινδύνοις ἐστεφάνωσαν. [16] τοσοῦτον δὲ εὐτυχέστεροι παῖδες ὄντες ἐγένοντο τοῦ πατρός· ὁ μὲν γάρ, καίπερ ὢν ἀγαθῶν πολλῶν αἴτιος ἅπασιν ἀνθρώποις, ἐπίπονον καὶ φιλόνικον καὶ φιλότιμον αὑτῷ καταστήσας τὸν βίον τοὺς μὲν ἄλλους ἀδικοῦντας ἐκόλασεν, Εὐρυσθέα δὲ καὶ ἐχθρὸν ὄντα καὶ εἰς αὑτὸν ἐξαμαρτάνοντα οὐχ οἷός τε ἦν τιμωρήσασθαι· οἱ δὲ παῖδες αὐτοῦ διὰ τήνδε τὴν πόλιν τῇ αὐτῇ εἶδον ἡμέρᾳ τήν θ' ἑαυτῶν σωτηρίαν καὶ τὴν τῶν ἐχθρῶν τιμωρίαν.

[17] πολλὰ μὲν οὖν ὑπῆρχε τοῖς ἡμετέροις προγόνοις μιᾷ γνώμῃ χρωμένους περὶ τοῦ δικαίου διαμάχεσθαι· ἥ τε γὰρ ἀρχὴ τοῦ βίου δικαία· οὐ γάρ, ὥσπερ οἱ πολλοί, πανταχόθεν συνειλεγμένοι καὶ ἑτέρους ἐκβαλόντες τὴν ἀλλοτρίαν ᾤκησαν, ἀλλ' αὐτόχθονες ὄντες τὴν αὐτὴν ἐκέκτηντο καὶ μητέρα καὶ πατρίδα. [18] πρῶτοι δὲ καὶ μόνοι ἐν ἐκείνῳ τῷ χρόνῳ ἐκβαλόντες τὰς παρὰ σφίσιν αὐτοῖς δυναστείας δημοκρατίαν κατεστήσαντο, ἡγούμενοι τὴν πάντων ἐλευθερίαν ὁμόνοιαν εἶναι μεγίστην, κοινὰς δ' ἀλλήλοις τὰς ἐκ τῶν κινδύνων ἐλπίδας ποιήσαντες ἐλευθέραις ταῖς ψυχαῖς ἐπολιτεύοντο, [19] νόμῳ τοὺς ἀγαθοὺς τιμῶντες καὶ τοὺς κακοὺς κολάζοντες, ἡγησάμενοι θηρίων μὲν ἔργον εἶναι ὑπ' ἀλλήλων βίᾳ κρατεῖσθαι, ἀνθρώποις δὲ προσήκειν νόμῳ μὲν ὁρίσαι τὸ δίκαιον, λόγῳ δὲ πεῖσαι, ἔργῳ δὲ τούτοις ὑπηρετεῖν, ὑπὸ νόμου μὲν βασιλευομένους, ὑπὸ λόγου δὲ διδασκομένους.

[20] καὶ γάρ τοι καὶ φύντες καλῶς καὶ γνόντες ὅμοια, πολλὰ μὲν καλὰ καὶ θαυμαστὰ οἱ πρόγονοι τῶν ἐνθάδε ἠργάσαντο, ἀείμνηστα δὲ καὶ μεγάλα καὶ πανταχοῦ οἱ ἐξ ἐκείνων γεγονότες τρόπαια διὰ τὴν αὑτῶν ἀρετὴν κατέλιπον. μόνοι γὰρ ὑπὲρ ἁπάσης τῆς Ἑλλάδος πρὸς πολλὰς μυριάδας τῶν βαρβάρων διεκινδύνευσαν. [21] ὁ γὰρ τῆς Ἀσίας βασιλεὺς οὐκ ἀγαπῶν τοῖς ὑπάρχουσιν ἀγαθοῖς, ἀλλ' ἐλπίζων καὶ τὴν Εὐρώπην δουλώσεσθαι, ἔστειλε πεντήκοντα μυριάδας στρατιάν. ἡγησάμενοι δέ, εἰ τήνδε τὴν πόλιν ἢ ἑκοῦσαν φίλην ποιήσαιντο ἢ ἄκουσαν καταστρέψαιντο, ῥᾳδίως τῶν ἄλλων πολλῶν Ἑλλήνων ἄρξειν, ἀπέβησαν εἰς Μαραθῶνα, νομίσαντες οὕτως ἂν ἐρημοτάτους εἶναι συμμάχων [τοὺς Ἕλληνας], εἰ ἔτι στασιαζούσης τῆς Ἑλλάδος ᾧ τινι χρὴ τρόπῳ τοὺς ἐπιόντας ἀμύνασθαι, τὸν κίνδυνον ποιήσαιντο. [22] ἔτι δ' αὐτοῖς ἐκ τῶν

προτέρων ἔργων περὶ τῆς πόλεως τοιαύτη δόξα παρειστήκει, ὡς εἰ μὲν πρότερον ἐπ' ἄλλην πόλιν ἴασιν, ἐκείνοις καὶ Ἀθηναίοις πολεμήσουσι· (προθύμως γὰρ τοῖς ἀδικουμένοις ἥξουσι βοηθήσοντες)· εἰ δ' ἐνθάδε πρῶτον ἀφίξονται, οὐδένας ἄλλους τῶν Ἑλλήνων τολμήσειν ἑτέρους σῴζοντας φανερὰν ἔχθραν πρὸς ἐκείνους ὑπὲρ αὐτῶν καταθέσθαι. [23] οἱ μὲν τοίνυν ταῦτα διενοοῦντο· οἱ δ' ἡμέτεροι πρόγονοι οὐ λογισμῷ δόντες τοὺς ἐν τῷ πολέμῳ κινδύνους, ἀλλὰ νομίζοντες τὸν εὐκλεᾶ θάνατον ἀθάνατον παρὰ τῶν ἀγαθῶν καταλείπειν λόγον, οὐκ ἐφοβήθησαν τὸ πλῆθος τῶν ἐναντίων, ἀλλὰ τῇ αὐτῶν ἀρετῇ μᾶλλον ἐπίστευσαν. καὶ αἰσχυνόμενοι ὅτι ἦσαν οἱ βάρβαροι αὐτῶν ἐν τῇ χώρᾳ, οὐκ ἀνέμειναν πυθέσθαι οὐδὲ βοηθῆσαι τοὺς συμμάχους, οὐδ' ᾠήθησαν δεῖν ἑτέροις τῆς σωτηρίας χάριν εἰδέναι, ἀλλὰ σφίσιν αὐτοῖς τοὺς ἄλλους Ἕλληνας. [24] ταῦτα μιᾷ γνώμῃ πάντες γνόντες ἀπήντων ὀλίγοι πρὸς πολλούς· ἐνόμιζον γὰρ ἀποθανεῖν μὲν αὐτοῖς μετὰ πάντων προσήκειν, ἀγαθοὺς δ' εἶναι μετ' ὀλίγων, καὶ τὰς μὲν ψυχὰς ἀλλοτρίας διὰ τὸν θάνατον κεκτῆσθαι, τὴν δ' ἐκ τῶν κινδύνων μνήμην ἰδίαν καταλείψειν. ἠξίουν δέ, οὓς μὴ μόνοι νικῷεν, οὐδ' ἂν μετὰ τῶν συμμάχων δύνασθαι, καὶ ἡττηθέντες μὲν ὀλίγῳ τῶν ἄλλων προαπολεῖσθαι, νικήσαντες δὲ καὶ τοὺς ἄλλους ἐλευθερώσειν. [25] ἄνδρες δ' ἀγαθοὶ γενόμενοι, καὶ τῶν μὲν σωμάτων ἀφειδήσαντες, ὑπὲρ δὲ τῆς ἀρετῆς οὐ φιλοψυχήσαντες, καὶ μᾶλλον τοὺς παρ' αὐτοῖς νόμους αἰσχυνόμενοι ἢ τὸν πρὸς τοὺς πολεμίους κίνδυνον φοβούμενοι, ἔστησαν μὲν τρόπαιον ὑπὲρ τῆς Ἑλλάδος τῶν βαρβάρων, ἐκ τῆς αὐτῶν ὑπὲρ χρημάτων εἰς τὴν ἀλλοτρίαν ἐμβαλόντων, παρὰ τοὺς ὅρους τῆς χώρας. [26] οὕτω δὲ διὰ ταχέων τὸν κίνδυνον ἐποιήσαντο, ὥστε οἱ αὐτοὶ τοῖς ἄλλοις ἀπήγγειλαν τήν τ' ἐνθάδε ἄφιξιν τῶν βαρβάρων καὶ τὴν νίκην τῶν προγόνων. καὶ γάρ τοι οὐδεὶς τῶν ἄλλων ἔδεισεν ὑπὲρ τοῦ μέλλοντος κινδύνου, ἀλλ' ἀκούσαντες ὑπὲρ τῆς αὐτῶν ἐλευθερίας ἥσθησαν. ὥστε οὐδὲν θαυμαστόν, πάλαι τῶν ἔργων γεγενημένων, ὥσπερ καινῶν ὄντων ἔτι καὶ νῦν τὴν ἀρετὴν αὐτῶν ὑπὸ πάντων ἀνθρώπων ζηλοῦσθαι.

[27] μετὰ ταῦτα δὲ Ξέρξης ὁ τῆς Ἀσίας βασιλεύς, καταφρονήσας μὲν τῆς Ἑλλάδος, ἐψευσμένος δὲ τῆς ἐλπίδος, ἀτιμαζόμενος δὲ τῷ γεγενημένῳ, ἀχθόμενος δὲ τῇ συμφορᾷ, ὀργιζόμενος δὲ τοῖς αἰτίοις, ἀπαθὴς δ' ὢν κακῶν καὶ ἄπειρος

ἀνδρῶν ἀγαθῶν, δεκάτῳ ἔτει παρασκευασάμενος διακοσίαις μὲν καὶ χιλίαις ναυσὶν ἀφίκετο, τῆς δὲ πεζῆς στρατιᾶς οὕτως ἄπειρον τὸ πλῆθος ἦγεν, ὥστε καὶ τὰ ἔθνη τὰ μετ' αὐτοῦ ἀκολουθήσαντα πολὺ ἂν ἔργον εἴη καταλέξαι. [28] ὃ δὲ μέγιστον σημεῖον τοῦ πλήθους· ἐξὸν γὰρ αὐτῷ χιλίαις ναυσὶ διαβιβάσαι κατὰ τὸ στενότατον τοῦ Ἑλλησπόντου τὴν πεζὴν στρατιὰν ἐκ τῆς Ἀσίας εἰς τὴν Εὐρώπην, οὐκ ἠθέλησεν, ἡγούμενος τὴν διατριβὴν αὑτῷ πολλὴν ἔσεσθαι· [29] ἀλλ' ὑπεριδὼν καὶ τὰ φύσει πεφυκότα καὶ τὰ θεῖα πράγματα καὶ τὰς ἀνθρωπίνας διανοίας ὁδὸν μὲν διὰ τῆς θαλάττης ἐποιήσατο, πλοῦν δὲ διὰ τῆς γῆς ἠνάγκασε γενέσθαι, ζεύξας μὲν τὸν Ἑλλήσποντον, διορύξας δὲ τὸν Ἄθων, ὑφισταμένου οὐδενός, ἀλλὰ τῶν μὲν ἀκόντων ὑπακουόντων, τῶν δὲ ἑκόντων προδιδόντων. οἱ μὲν γὰρ οὐχ ἱκανοὶ ἦσαν ἀμύνεσθαι, οἱ δ' ὑπὸ χρημάτων διεφθαρμένοι· ἀμφότερα δ' ἦν αὐτοὺς τὰ πείθοντα, κέρδος καὶ δέος. [30] Ἀθηναῖοι δ' οὕτως διακειμένης τῆς Ἑλλάδος αὐτοὶ μὲν εἰς τὰς ναῦς ἐμβάντες ἐπ' Ἀρτεμίσιον ἐβοήθησαν, Λακεδαιμόνιοι δὲ καὶ τῶν συμμάχων ἔνιοι εἰς Θερμοπύλας ἀπήντησαν, ἡγούμενοι διὰ τὴν στενότητα τῶν χωρίων τὴν πάροδον οἷοί τ' ἔσεσθαι διαφυλάξαι. [31] γενομένου δὲ τοῦ κινδύνου κατὰ τὸν αὐτὸν χρόνον Ἀθηναῖοι μὲν ἐνίκων τῇ ναυμαχίᾳ, Λακεδαιμόνιοι δέ, οὐ ταῖς ψυχαῖς ἐνδεεῖς γενόμενοι, ἀλλὰ τοῦ πλήθους ψευσθέντες καὶ οὓς φυλάξειν ᾤοντο καὶ πρὸς οὓς κινδυνεύσειν ἔμελλον, ⟨διεφθάρησαν⟩ οὐχ ἡττηθέντες τῶν ἐναντίων, ἀλλ' ἀποθανόντες οὗπερ ἐτάχθησαν μάχεσθαι· [32] τούτῳ δὲ τῷ τρόπῳ τῶν μὲν δυστυχησάντων, τῶν δὲ τῆς παρόδου κρατησάντων, οἱ μὲν ἐπορεύοντο ἐπὶ τήνδε τὴν πόλιν, οἱ δ' ἡμέτεροι πρόγονοι πυθόμενοι μὲν τὴν γεγενημένην Λακεδαιμονίοις συμφοράν, ἀποροῦντες δὲ τοῖς περιεστηκόσι πράγμασιν, εἰδότες δ' ὅτι, εἰ μὲν κατὰ γῆν τοῖς βαρβάροις ἀπαντήσονται, ἐπιπλεύσαντες χιλίαις ναυσὶν ἐρήμην τὴν πόλιν λήψονται, εἰ δὲ εἰς τὰς τριήρεις ἐμβήσονται, ὑπὸ τῆς πεζῆς στρατιᾶς ἁλώσονται, ἀμφότερα δὲ οὐ δυνήσονται, ἀμύνασθαί τε καὶ φυλακὴν ἱκανὴν καταλιπεῖν, [33] δυοῖν δὲ προκειμένοιν, πότερον χρὴ τὴν πατρίδα ἐκλιπεῖν ἢ μετὰ τῶν βαρβάρων γενομένους καταδουλώσασθαι τοὺς Ἕλληνας, ἡγησάμενοι κρεῖττον εἶναι μετ' ἀρετῆς καὶ πενίας καὶ φυγῆς ἐλευθερίαν ἢ μετ' ὀνείδους καὶ πλούτου δουλείαν τῆς πατρίδος, ἐξέλιπον ὑπὲρ τῆς

Ἑλλάδος τὴν πόλιν, ἵν' ἐν μέρει πρὸς ἑκατέραν ἀλλὰ μὴ πρὸς ἀμφοτέρας ἅμα τὰς δυνάμεις κινδυνεύσωσιν· [34] ὑπεκθέμενοι δὲ παῖδας καὶ γυναῖκας [καὶ μητέρας] εἰς Σαλαμῖνα, συνήθροιζον καὶ τὸ τῶν ἄλλων συμμάχων ναυτικόν. οὐ πολλαῖς δ' ὕστερον ἡμέραις ἦλθε καὶ ἡ πεζῇ στρατιὰ καὶ τὸ ναυτικὸν τὸ τῶν βαρβάρων, ὃ τίς οὐκ ἂν ἰδὼν ἐφοβήθη, ὡς μέγας καὶ δεινὸς τῇδε τῇ πόλει κίνδυνος ὑπὲρ τῆς τῶν Ἑλλήνων ἐλευθερίας ἠγωνίσθη; [35] ποίαν δὲ γνώμην εἶχον ἢ οἱ θεώμενοι τοὺς ἐν ταῖς ναυσὶν ἐκείναις, οὔσης καὶ τῆς αὑτῶν σωτηρίας ἀπίστου καὶ τοῦ προσιόντος κινδύνου, ἢ οἱ μέλλοντες ναυμαχήσειν ὑπὲρ τῆς φιλότητος, ὑπὲρ τῶν ἄθλων τῶν ἐν Σαλαμῖνι; [36] οἷς τοσοῦτον πανταχόθεν περιειστήκει πλῆθος πολεμίων, ὥστε ἐλάχιστον μὲν αὐτοῖς εἶναι τῶν παρόντων κακῶν τὸ θάνατον τὸν αὑτῶν προειδέναι, μεγίστην δὲ συμφοράν, ⟨ἃ⟩ ὑπὸ τῶν βαρβάρων εὐτυχησάντων τοὺς ὑπεκτεθέντας ἤλπιζον πείσεσθαι. [37] ἦ που διὰ τὴν ὑπάρχουσαν ἀπορίαν πολλάκις μὲν ἐδεξιώσαντο ἀλλήλους, εἰκότως δὲ σφᾶς αὐτοὺς ὠλοφύραντο, εἰδότες μὲν τὰς σφετέρας ναῦς ὀλίγας οὔσας, ὁρῶντες δὲ πολλὰς τὰς τῶν πολεμίων, ἐπιστάμενοι δὲ τὴν μὲν πόλιν ἠρημωμένην, τὴν δὲ χώραν πορθουμένην καὶ μεστὴν τῶν βαρβάρων, ἱερῶν δὲ καομένων, ἁπάντων δ' ἐγγὺς ὄντων τῶν δεινῶν, [38] ἀκούοντες δ' ἐν ταὐτῷ συμμεμειγμένου Ἑλληνικοῦ καὶ βαρβαρικοῦ παιῶνος, παρακελευσμοῦ δ' ἀμφοτέρων καὶ κραυγῆς τῶν διαφθειρομένων, καὶ τῆς θαλάττης μεστῆς τῶν νεκρῶν, καὶ πολλῶν μὲν συμπιπτόντων καὶ φιλίων καὶ πολεμίων ναυαγίων, ἀντιπάλου δὲ πολὺν χρόνον οὔσης τῆς ναυμαχίας δοκοῦντες τοτὲ μὲν νενικηκέναι καὶ σεσῶσθαι, τοτὲ δ' ἡττῆσθαι καὶ ἀπολωλέναι. [39] ἦ που διὰ τὸν παρόντα φόβον πολλὰ μὲν ᾠήθησαν ἰδεῖν ὧν οὐκ εἶδον, πολλὰ δ' ἀκοῦσαι ὧν οὐκ ἤκουσαν. ποῖαι δ' οὐχ ἱκετεῖαι θεῶν ἐγένοντο ἢ θυσιῶν ἀναμνήσεις, ἔλεός τε παίδων καὶ γυναικῶν πόθος οἶκτός τε πατέρων καὶ μητέρων, λογισμὸς δ', εἰ δυστυχήσειαν, τῶν μελλόντων ἔσεσθαι κακῶν; [40] τίς οὐκ ἂν θεῶν ἠλέησεν αὐτοὺς ὑπὲρ τοῦ μεγέθους τοῦ κινδύνου; ἢ τίς ἀνθρώπων οὐκ ἂν ἐδάκρυσεν; ἢ τίς τῆς τόλμης αὐτοὺς οὐκ ἂν ἠγάσθη; ἦ πολὺ πλεῖστον ἐκεῖνοι κατὰ τὴν ἀρετὴν ἁπάντων ἀνθρώπων διήνεγκαν καὶ ἐν τοῖς βουλεύμασι καὶ ἐν τοῖς τοῦ πολέμου κινδύνοις, ἐκλιπόντες μὲν τὴν πόλιν, εἰς τὰς ναῦς δ' ἐμβάντες, τὰς δ' αὑτῶν ψυχὰς ὀλίγας οὔσας ἀντιτάξαντες τῷ πλήθει τῷ τῆς Ἀσίας. [41] ἐπέδειξαν δὲ πᾶσιν ἀνθρώποις, νικήσαντες τῇ ναυμαχίᾳ, ὅτι κρεῖττον μετ' ὀλίγων ὑπὲρ τῆς ἐλευθερίας κινδυνεύειν ἢ μετὰ πολλῶν βασιλευομένων ὑπὲρ τῆς αὑτῶν δουλείας. [42] πλεῖστα δὲ καὶ κάλλιστα ἐκεῖνοι ὑπὲρ τῆς τῶν Ἑλλήνων ἐλευθερίας συνεβάλοντο, στρατηγὸν μὲν Θεμιστοκλέα, ἱκανώτατον [εἰπεῖν] καὶ γνῶναι καὶ πρᾶξαι, ναῦς δὲ πλείους τῶν ἄλλων ἁπάντων συμμάχων, ἄνδρας δ' ἐμπειροτάτους. καὶ γὰρ τίνες ἂν τούτοις τῶν ἄλλων Ἑλλήνων ἤρισαν γνώμῃ καὶ πλήθει καὶ ἀρετῇ; [43] ὥστε δικαίως μὲν ἀναμφισβήτητα τἀριστεῖα τῆς ναυμαχίας ἔλαβον παρὰ τῆς Ἑλλάδος, εἰκότως δὲ τὴν εὐτυχίαν ὁμονοοῦσαν τοῖς κινδύνοις ἐκτήσαντο, γνησίαν δὲ καὶ αὐτόχθονα τοῖς ἐκ τῆς Ἀσίας βαρβάροις τὴν αὑτῶν ἀρετὴν ἐπεδείξαντο.

[44] ἐν μὲν οὖν τῇ ναυμαχίᾳ τοιούτους αὑτοὺς παρασχόντες καὶ πολὺ πλεῖστον τῶν κινδύνων μετασχόντες τῇ ἰδίᾳ ἀρετῇ κοινὴν τὴν ἐλευθερίαν καὶ τοῖς ἄλλοις ἐκτήσαντο· ὕστερον δὲ Πελοποννησίων διατειχιζόντων τὸν Ἰσθμόν, καὶ ἀγαπώντων μὲν τῇ σωτηρίᾳ, νομιζόντων δ' ἀπηλλάχθαι τοῦ κατὰ θάλατταν κινδύνου, καὶ διανοουμένων τοὺς ἄλλους Ἕλληνας περιιδεῖν ὑπὸ τοῖς βαρβάροις γενομένους, [45] ὀργισθέντες Ἀθηναῖοι συνεβούλευσαν αὐτοῖς, εἰ ταύτην τὴν γνώμην ἕξουσι, περὶ ἅπασαν τὴν Πελοπόννησον τεῖχος περιβαλεῖν· εἰ γὰρ αὐτοὶ ὑπὸ ⟨τῶν⟩ Ἑλλήνων προδιδόμενοι μετὰ τῶν βαρβάρων ἔσονται, οὔτ' ἐκείνοις δεήσειν χιλίων νεῶν οὔτε τούτους ὠφελήσειν τὸ ἐν Ἰσθμῷ τεῖχος· ἀκινδύνως γὰρ ἔσεσθαι τὴν τῆς θαλάττης ἀρχὴν βασιλέως. [46] διδασκόμενοι δὲ καὶ νομίζοντες αὐτοὶ μὲν ἄδικά τε ποιεῖν καὶ κακῶς βουλεύεσθαι, Ἀθηναίους δὲ δίκαιά τε λέγειν καὶ τὰ βέλτιστα αὐτοῖς παραινεῖν, ἐβοήθησαν εἰς Πλαταιάς· ἀποδράντων δὲ ὑπὸ νύκτα τῶν πλείστων συμμάχων ἐκ τῶν τάξεων διὰ τὸ πλῆθος τῶν πολεμίων, Λακεδαιμόνιοι μὲν καὶ Τεγεᾶται τοὺς βαρβάρους ἐτρέψαντο, Ἀθηναῖοι δὲ καὶ Πλαταιεῖς πάντας τοὺς Ἕλληνας ἐνίκων μαχόμενοι τοὺς ἀπογνόντας τῆς ἐλευθερίας καὶ ὑπομείναντας τὴν δουλείαν. [47] ἐν ἐκείνῃ δὲ τῇ ἡμέρᾳ καλλίστην τελευτὴν τοῖς προτέροις ἐπιθέντες κινδύνοις, βέβαιον μὲν τὴν ἐλευθερίαν τῇ Εὐρώπῃ κατηργάσαντο, ἐν ἅπασι δὲ τοῖς κινδύνοις δόντες ἔλεγχον τῆς ἑαυτῶν ἀρετῆς, καὶ μόνοι καὶ μεθ' ἑτέρων, καὶ πεζομαχοῦντες καὶ ναυμαχοῦντες, καὶ πρὸς ⟨τοὺς⟩

βαρβάρους καὶ πρὸς τοὺς Ἕλληνας, ὑπὸ πάντων ἠξιώθησαν, καὶ μεθ' ὧν ἐκινδύνευον καὶ πρὸς οὓς ἐπολέμουν, ἡγεμόνες γενέσθαι τῆς Ἑλλάδος.

[48] ὑστέρῳ δὲ χρόνῳ Ἑλληνικοῦ πολέμου καταστάντος διὰ ζῆλον τῶν γεγενημένων καὶ φθόνον τῶν πεπραγμένων, μέγα μὲν ἅπαντες φρονοῦντες, μικρῶν δ' ἐγκλημάτων ἕκαστοι δεόμενοι, ναυμαχίας Ἀθηναίοις πρὸς Αἰγινήτας καὶ τοὺς ἐκείνων συμμάχους γενομένης ἑβδομήκοντα τριήρεις αὐτῶν ἐλάμβανον. [49] πολιορκούντων δὲ κατὰ τὸν αὐτὸν χρόνον Αἴγυπτόν τε καὶ Αἴγιναν, καὶ τῆς ἡλικίας ἀπούσης ἔν τε ταῖς ναυσὶ καὶ ἐν τῷ πεζῷ στρατεύματι, Κορίνθιοι καὶ οἱ ἐκείνων σύμμαχοι, ἡγούμενοι ἢ εἰς ἔρημον τὴν χώραν ἐμβαλεῖν ἢ ἐξ Αἰγίνης ἄξειν τὸ στρατόπεδον, ἐξελθόντες πανδημεὶ Γεράνειαν κατέλαβον· [50] Ἀθηναῖοι δὲ τῶν μὲν ἀπόντων, τῶν δ' ἐγγὺς ὄντων, οὐδένα ἐτόλμησαν μεταπέμψασθαι· ταῖς δ' αὐτῶν ψυχαῖς πιστεύσαντες καὶ τῶν ἐπιόντων καταφρονήσαντες οἱ γεραίτεροι καὶ οἱ τῆς ἡλικίας ἐντὸς γεγονότες ἠξίουν αὐτοὶ μόνοι τὸν κίνδυνον ποιήσασθαι, οἱ μὲν ἐμπειρίᾳ τὴν ἀρετήν, οἱ δὲ φύσει κεκτημένοι· [51] καὶ οἱ μὲν αὐτοὶ πολλαχοῦ ἀγαθοὶ γεγενημένοι, οἱ δ' ἐκείνους μιμούμενοι, τῶν μὲν πρεσβυτέρων ἄρχειν ἐπισταμένων, τῶν δὲ νεωτέρων τὸ ἐπιταττόμενον ποιεῖν δυναμένων. [52] Μυρωνίδου ⟨οὖν⟩ στρατηγοῦντος ἀπαντήσαντες αὐτοὶ εἰς τὴν Μεγαρικὴν ἐνίκων μαχόμενοι ἅπασαν τὴν δύναμιν τὴν ἐκείνων τοῖς ἤδη ἀπειρηκόσι καὶ τοῖς οὔπω δυναμένοις, τοὺς εἰς τὴν σφετέραν ἐμβαλεῖν ἀξιώσαντας, εἰς τὴν ἀλλοτρίαν ἀπαντήσαντες, [53] τρόπαιον δὲ στήσαντες καλλίστου μὲν αὑτοῖς ἔργου, αἰσχίστου δὲ τοῖς πολεμίοις, οἱ μὲν οὐκέτι τοῖς σώμασιν, οἱ δ' οὔπω δυνάμενοι, ταῖς δὲ ψυχαῖς ἀμφότεροι κρείττους γενόμενοι, μετὰ καλλίστης δόξης εἰς τὴν αὑτῶν ἀπελθόντες οἱ μὲν πάλιν ἐπαιδεύοντο, οἱ δὲ περὶ τῶν λοιπῶν ἐβουλεύοντο.

[54] καθ' ἕκαστον μὲν οὖν οὐ ῥᾴδιον τὰ ὑπὸ πολλῶν κινδυνευθέντα ὑφ' ἑνὸς ῥηθῆναι, οὐδὲ τὰ ἐν ἅπαντι τῷ χρόνῳ πραχθέντα ἐν μιᾷ ἡμέρᾳ δηλωθῆναι. τίς γὰρ ἂν ἢ λόγος ἢ χρόνος ἢ ῥήτωρ ἱκανὸς γένοιτο μηνῦσαι τὴν τῶν ἐνθάδε κειμένων ἀνδρῶν ἀρετήν; [55] μετὰ πλείστων γὰρ πόνων καὶ φανερωτάτων ἀγώνων καὶ καλλίστων κινδύνων ἐλευθέραν μὲν ἐποίησαν τὴν Ἑλλάδα, μεγίστην δ' ἀπέδειξαν τὴν ἑαυτῶν

πατρίδα, ἑβδομήκοντα μὲν ἔτη τῆς θαλάττης ἄρξαντες, ἀστασιάστους δὲ παρασχόντες τοὺς συμμάχους, [56] οὐ τοῖς ὀλίγοις τοὺς πολλοὺς δουλεύειν ἀξιώσαντες, ἀλλὰ τὸ ἴσον ἔχειν ἅπαντας ἀναγκάσαντες, οὐδὲ τοὺς συμμάχους ἀσθενεῖς ποιοῦντες, ἀλλὰ κἀκείνους ἰσχυροὺς καθιστάντες, καὶ τὴν αὑτῶν δύναμιν τοσαύτην ἐπιδείξαντες, ὥσθ' ὁ μέγας βασιλεὺς οὐκέτι τῶν ἀλλοτρίων ἐπεθύμει, ἀλλ' ἐδίδου τῶν ἑαυτοῦ καὶ περὶ τῶν λοιπῶν ἐφοβεῖτο. [57] καὶ οὔτε τριήρεις ἐν ἐκείνῳ τῷ χρόνῳ ἐκ τῆς Ἀσίας ἔπλευσαν, οὔτε τύραννος ἐν τοῖς Ἕλλησι κατέστη, οὔτε Ἑλληνὶς πόλις ὑπὸ τῶν βαρβάρων ἠνδραποδίσθη· τοσαύτην σωφροσύνην καὶ δέος ἡ τούτων ἀρετὴ πᾶσιν ἀνθρώποις παρεῖχεν. ὧν ἕνεκα δεῖ μόνους καὶ προστάτας τῶν Ἑλλήνων καὶ ἡγεμόνας τῶν πόλεων γίγνεσθαι.

[58] ἐπέδειξαν δὲ καὶ ἐν ταῖς δυστυχίαις τὴν ἑαυτῶν ἀρετήν. ἀπολομένων γὰρ τῶν νεῶν ἐν Ἑλλησπόντῳ εἴτε ἡγεμόνων κακίᾳ εἴτε θεῶν διανοίᾳ, καὶ συμφορᾶς ἐκείνης μεγίστης γενομένης καὶ ἡμῖν τοῖς δυστυχήσασι καὶ τοῖς ἄλλοις Ἕλλησιν, ἐδήλωσεν οὐ πολλῷ χρόνῳ ὕστερον ὅτι ἡ τῆς πόλεως δύναμις τῆς Ἑλλάδος ἦν σωτηρία. [59] ἑτέρων γὰρ ἡγεμόνων γενομένων ἐνίκησαν μὲν ναυμαχοῦντες τοὺς Ἕλληνας οἱ πρότερον εἰς τὴν θάλατταν οὐκ ἐμβαίνοντες, ἔπλευσαν δ' εἰς τὴν Εὐρώπην, δουλεύουσι δὲ πόλεις τῶν Ἑλλήνων, τύραννοι δ' ἐγκαθεστᾶσιν, οἱ μὲν μετὰ τὴν ἡμετέραν συμφοράν, οἱ δὲ μετὰ τὴν νίκην τῶν βαρβάρων. [60] ὥστ' ἄξιον ἦν ἐπὶ τῷδε τῷ τάφῳ τότε κείρασθαι τῇ Ἑλλάδι καὶ πενθῆσαι τοὺς ἐνθάδε κειμένους, ὡς συγκαταθαπτομένης τῆς αὑτῶν ἐλευθερίας τῇ τούτων ἀρετῇ· ὡς δυστυχὴς μὲν ἡ Ἑλλὰς τοιούτων ἀνδρῶν ὀρφανὴ γενομένη, εὐτυχὴς δ' ὁ τῆς Ἀσίας βασιλεὺς ἑτέρων ἡγεμόνων λαβόμενος· τῇ μὲν γὰρ τούτων στερηθείσῃ δουλεία περιέστηκε, τῷ δ' ἄλλων ἀρξάντων ζῆλος ἐγγίγνεται τῆς τῶν προγόνων διανοίας.

[61] ἀλλὰ ταῦτα μὲν ἐξήχθην ὑπὲρ πάσης ὀλοφύρασθαι τῆς Ἑλλάδος· ἐκείνων δὲ τῶν ἀνδρῶν ἄξιον καὶ ἰδίᾳ καὶ δημοσίᾳ μεμνῆσθαι, οἳ φεύγοντες τὴν δουλείαν καὶ περὶ τοῦ δικαίου μαχόμενοι καὶ ὑπὲρ τῆς δημοκρατίας στασιάσαντες πάντας πολεμίους κεκτημένοι εἰς τὸν Πειραιᾶ κατῆλθον, οὐχ ὑπὸ νόμου ἀναγκασθέντες, ἀλλ' ὑπὸ τῆς φύσεως πεισθέντες, καινοῖς κινδύνοις τὴν παλαιὰν ἀρετὴν τῶν προγόνων

μιμησάμενοι, [62] ταῖς αὐτῶν ψυχαῖς κοινὴν τὴν πόλιν καὶ τοῖς ἄλλοις κτησόμενοι, θάνατον μετ' ἐλευθερίας αἱρούμενοι ἢ βίον μετὰ δουλείας, ὡς οὐχ ἧττον ταῖς συμφοραῖς αἰσχυνόμενοι ἢ τοῖς ἐχθροῖς ὀργιζόμενοι, μᾶλλον βουληθέντες ἐν τῇ αὐτῶν ἀποθνήσκειν ἢ ζῆν τὴν ἀλλοτρίαν οἰκοῦντες, συμμάχους μὲν ὅρκους καὶ συνθήκας ἔχοντες, πολεμίους δὲ τοὺς ⟨τε⟩ πρότερον ὑπάρχοντας καὶ τοὺς πολίτας τοὺς ἑαυτῶν. [63] ἀλλ' ὅμως οὐ τὸ πλῆθος τῶν ἐναντίων φοβηθέντες, ἀλλ' ἐν τοῖς σώμασι τοῖς ἑαυτῶν κινδυνεύσαντες, τρόπαιον μὲν τῶν πολεμίων ἔστησαν, μάρτυρας δὲ τῆς αὐτῶν ἀρετῆς ἐγγὺς ὄντας τοῦδε τοῦ μνήματος τοὺς Λακεδαιμονίων τάφους παρέχονται. καὶ γάρ τοι μεγάλην μὲν ἀντὶ μικρᾶς ἀπέδειξαν τὴν πόλιν, ὁμονοοῦσαν δὲ ἀντὶ στασιαζούσης ἀπέφηναν, τείχη δὲ ἀντὶ τῶν καθῃρημένων ἀνέστησαν. [64] οἱ δὲ κατελθόντες αὐτῶν, ἀδελφὰ τὰ βουλεύματα τοῖς ἔργοις τῶν ἐνθάδε κειμένων ἐπιδεικνύντες, οὐκ ἐπὶ τιμωρίαν τῶν ἐχθρῶν ἀλλ' ἐπὶ σωτηρίαν τῆς πόλεως ἐτράποντο, καὶ οὔτε ἐλαττοῦσθαι δυνάμενοι οὔτ' αὐτοὶ πλέον ἔχειν δεόμενοι τῆς μὲν αὑτῶν ἐλευθερίας καὶ τοῖς βουλομένοις δουλεύειν μετέδοσαν, τῆς δ' ἐκείνων δουλείας αὐτοὶ μετέχειν οὐκ ἠξίωσαν. [65] ἔργοις δὲ μεγίστοις καὶ καλλίστοις ἀπελογήσαντο, ὅτι οὐ κακίᾳ τῇ αὐτῶν οὐδ' ἀρετῇ τῶν πολεμίων πρότερον ἐδυστύχησεν ἡ πόλις· εἰ γὰρ στασιάσαντες πρὸς ἀλλήλους βίᾳ παρόντων Πελοποννησίων καὶ τῶν ἄλλων ἐχθρῶν εἰς τὴν αὑτῶν οἷοί τε ἐγένοντο κατελθεῖν, δῆλον ὅτι ῥᾳδίως ἂν ὁμονοοῦντες πολεμεῖν αὐτοῖς ἐδύναντο.

[66] ἐκεῖνοι μὲν οὖν διὰ τοὺς ἐν Πειραιεῖ κινδύνους ὑπὸ πάντων ἀνθρώπων ζηλοῦνται· ἄξιον δὲ καὶ τοὺς ξένους τοὺς ἐνθάδε κειμένους ἐπαινέσαι, οἳ τῷ πλήθει βοηθήσαντες καὶ περὶ τῆς ἡμετέρας σωτηρίας μαχόμενοι, πατρίδα τὴν ἀρετὴν ἡγησάμενοι, τοιαύτην τοῦ βίου τελευτὴν ἐποιήσαντο· ἀνθ' ὧν ἡ πόλις αὐτοὺς καὶ ἐπένθησε καὶ ἔθαψε δημοσίᾳ, καὶ ἔδωκεν ἔχειν αὐτοῖς τὸν ἅπαντα χρόνον τὰς αὐτὰς τιμὰς τοῖς ἀστοῖς.

[67] οἱ δὲ νῦν θαπτόμενοι, βοηθήσαντες Κορινθίοις ὑπὸ παλαιῶν φίλων ἀδικουμένοις καινοὶ σύμμαχοι γενόμενοι, οὐ τὴν αὐτὴν γνώμην Λακεδαιμονίοις ἔχοντες (οἱ μὲν γὰρ τῶν ἀγαθῶν αὐτοῖς ἐφθόνουν, οἱ δὲ ἀδικουμένους αὐτοὺς ἠλέουν, οὐ τῆς προτέρας ἔχθρας μεμνημένοι, ἀλλὰ τὴν παροῦσαν φιλίαν περὶ πολλοῦ ποιούμενοι) πᾶσιν ἀνθρώποις φανερὰν τὴν αὑτῶν

ἀρετὴν ἐπεδείξαντο. [68] ἐτόλμησαν γὰρ μεγάλην ποιοῦντες τὴν Ἑλλάδα οὐ μόνον ὑπὲρ τῆς αὑτῶν σωτηρίας κινδυνεύειν, ἀλλὰ καὶ ὑπὲρ τῆς τῶν πολεμίων ἐλευθερίας ἀποθνῄσκειν· τοῖς γὰρ Λακεδαιμονίων συμμάχοις περὶ τῆς ἐκείνων ἐλευθερίας ἐμάχοντο. νικήσαντες μὲν γὰρ ⟨ἂν⟩ ἐκείνους τῶν αὐτῶν ἠξίουν, δυστυχήσαντες δὲ βέβαιον τὴν δουλείαν τοῖς ἐν τῇ Πελοποννήσῳ κατέλιπον. [69] ἐκείνοις μὲν οὖν οὕτω διακειμένοις ὁ βίος οἰκτρὸς καὶ ὁ θάνατος εὐκτός· οὗτοι δὲ καὶ ζῶντες καὶ ἀποθανόντες ζηλωτοί, παιδευθέντες μὲν ἐν τοῖς τῶν προγόνων ἀγαθοῖς, ἄνδρες δὲ γενόμενοι τήν τε ἐκείνων δόξαν διασώσαντες καὶ τὴν αὑτῶν ἀρετὴν ἐπιδείξαντες. [70] πολλῶν μὲν γὰρ καὶ καλῶν αἴτιοι γεγένηνται τῇ ἑαυτῶν πατρίδι, ἐπηνώρθωσαν δὲ τὰ ὑφ' ἑτέρων δυστυχηθέντα, πόρρω δ' ἀπὸ τῆς αὑτῶν τὸν πόλεμον κατέστησαν.

ἐτελεύτησαν δὲ τὸν βίον, ὥσπερ χρὴ τοὺς ἀγαθοὺς ἀποθνῄσκειν, τῇ μὲν γὰρ πατρίδι τὰ τροφεῖα ἀποδόντες, τοῖς δὲ θρέψασι λύπας καταλιπόντες. [71] ὥστε ἄξιον τοῖς ζῶσι τούτους ποθεῖν καὶ σφᾶς αὐτοὺς ὀλοφύρεσθαι καὶ τοὺς προσήκοντας αὐτῶν ἐλεεῖν τοῦ ἐπιλοίπου βίου. τίς γὰρ αὐτοῖς ἔτι ἡδονὴ καταλείπεται τοιούτων ἀνδρῶν θαπτομένων, οἳ πάντα περὶ ἐλάττονος τῆς ἀρετῆς ἡγούμενοι αὑτοὺς μὲν ἀπεστέρησαν βίου, χήρας δὲ γυναῖκας ἐποίησαν, ὀρφανοὺς δὲ τοὺς αὑτῶν παῖδας ἀπέλιπον, ἐρήμους δ' ἀδελφοὺς καὶ πατέρας καὶ μητέρας κατέστησαν; [72] πολλῶν δὲ καὶ δεινῶν ὑπαρχόντων τοὺς μὲν παῖδας αὐτῶν ζηλῶ, ὅτι νεώτεροί εἰσιν ἢ ὥστε εἰδέναι οἵων πατέρων ἐστέρηνται, ἐξ ὧν δ' οὗτοι γεγόνασιν, οἰκτίρω, ὅτι πρεσβύτεροι ἢ ὥστε ἐπιλαθέσθαι τῆς δυστυχίας τῆς ἑαυτῶν. [73] τί γὰρ ἂν τούτων ἀνιαρότερον γένοιτο, ἢ τεκεῖν μὲν καὶ θρέψαι καὶ θάψαι τοὺς αὑτῶν, ἐν δὲ τῷ γήρᾳ ἀδυνάτους μὲν εἶναι τῷ σώματι, πασῶν δ' ἀπεστερημένους τῶν ἐλπίδων ἀφίλους καὶ ἀπόρους γεγονέναι, ὑπὲρ δὲ τῶν αὐτῶν πρότερον ζηλοῦσθαι καὶ νῦν ἐλεεῖσθαι, ποθεινότερον δ' αὐτοῖς εἶναι τὸν θάνατον τοῦ βίου; ὅσῳ γὰρ ἄνδρες ἀμείνους ἦσαν, τοσούτῳ τοῖς καταλειπομένοις τὸ πένθος μεῖζον. [74] πότε δ' αὐτοὺς χρὴ λῆξαι τῆς λύπης; πότερον ἐν ταῖς τῆς πόλεως συμφοραῖς; ἀλλὰ τότε αὐτῶν εἰκὸς καὶ τοὺς ἄλλους μεμνῆσθαι. ἀλλ' ἐν ταῖς εὐτυχίαις ταῖς κοιναῖς; ἀλλ' ἱκανὸν λυπῆσαι, τῶν μὲν σφετέρων τέκνων τετελευτηκότων, τῶν δὲ ζώντων ἀπολαυόντων τῆς τούτων ἀρετῆς. ἀλλ' ἐν τοῖς ἰδίοις κινδύνοις, ὅταν ὁρῶσι τοὺς μὲν πρότερον ὄντας φίλους φεύγοντας τὴν αὑτῶν ἀπορίαν, τοὺς δ' ἐχθροὺς μέγα φρονοῦντας ἐπὶ ταῖς δυστυχίαις ταῖς τούτων; [75] μόνην δ' ἂν μοι δοκοῦμεν ταύτην τοῖς ἐνθάδε κειμένοις ἀποδοῦναι χάριν, εἰ τοὺς μὲν τοκέας αὐτῶν ὁμοίως ὥσπερ ἐκεῖνοι περὶ πολλοῦ ποιοίμεθα, τοὺς δὲ παῖδας οὕτως ἀσπαζοίμεθα ὥσπερ αὐτοὶ πατέρες ὄντες, ταῖς δὲ γυναιξὶν εἰ τοιούτους βοηθοὺς ἡμᾶς αὐτοὺς παρέχοιμεν, οἷοίπερ ἐκεῖνοι ζῶντες ἦσαν. τίνας γὰρ ἂν εἰκότως μᾶλλον τιμῷμεν τῶν ἐνθάδε κειμένων; [76] τίνας δ' ἂν τῶν ζώντων δικαιότερον περὶ πολλοῦ ποιοίμεθα ἢ τοὺς τούτοις προσήκοντας, οἳ τῆς μὲν τούτων ἀρετῆς τὸ ἴσον τοῖς ἄλλοις ἀπέλαυσαν, ἀποθανόντων δὲ μόνοι γνησίως τῆς δυστυχίας μετέχουσιν;

[77] ἀλλὰ γὰρ οὐκ οἶδ' ὅ τι δεῖ τοιαῦτα ὀλοφύρεσθαι· οὐ γὰρ ἐλανθάνομεν ἡμᾶς αὐτοὺς ἅπαξ ὄντες θνητοί· ὥστε τί δεῖ, ἃ πάλαι προσεδοκῶμεν πείσεσθαι, ὑπὲρ τούτων νῦν ἄχθεσθαι, ἢ λίαν οὕτω βαρέως φέρειν ἐπὶ ταῖς τῆς φύσεως συμφοραῖς, ἐπισταμένους ὅτι ὁ θάνατος κοινὸς καὶ τοῖς χειρίστοις καὶ τοῖς βελτίστοις; οὔτε γὰρ τοὺς πονηροὺς ὑπερορᾷ οὔτε τοὺς ἀγαθοὺς θαυμάζει, ἀλλ' ἴσον ἑαυτὸν παρέχει πᾶσιν. [78] εἰ μὲν γὰρ οἷόν τε ἦν τοῖς τοὺς ἐν τῷ πολέμῳ κινδύνους διαφυγοῦσιν ἀθανάτους εἶναι τὸν λοιπὸν χρόνον, ἄξιον ἦν τοῖς ζῶσι τὸν ἅπαντα χρόνον πενθεῖν τοὺς τεθνεῶτας· νῦν δὲ ἥ τε φύσις καὶ νόσων ἥττων καὶ γήρως, ὅ τε δαίμων ὁ τὴν ἡμετέραν μοῖραν εἰληχὼς ἀπαραίτητος. [79] ὥστε προσήκει τούτους εὐδαιμονεστάτους ἡγεῖσθαι, οἵτινες ὑπὲρ μεγίστων καὶ καλλίστων κινδυνεύσαντες οὕτως τὸν βίον ἐτελεύτησαν, οὐκ ἐπιτρέψαντες περὶ αὑτῶν τῇ τύχῃ, οὐδ' ἀναμείναντες τὸν αὐτόματον θάνατον, ἀλλ' ἐκλεξάμενοι τὸν κάλλιστον. καὶ γάρ τοι ἀγήρατοι μὲν αὐτῶν αἱ μνῆμαι, ζηλωταὶ δὲ ὑπὸ πάντων ἀνθρώπων αἱ τιμαί· οἳ πενθοῦνται μὲν διὰ τὴν φύσιν ὡς θνητοί, ὑμνοῦνται δὲ ὡς ἀθάνατοι διὰ τὴν ἀρετήν. [80] καὶ γάρ τοι θάπτονται δημοσίᾳ, καὶ ἀγῶνες τίθενται ἐπ' αὐτοῖς ῥώμης καὶ σοφίας καὶ πλούτου, ὡς ἀξίους ὄντας τοὺς ἐν τῷ πολέμῳ τετελευτηκότας ταῖς αὐταῖς τιμαῖς καὶ τοὺς ἀθανάτους τιμᾶσθαι. [81] ἐγὼ μὲν οὖν αὐτοὺς καὶ μακαρίζω τοῦ θανάτου καὶ ζηλῶ, καὶ μόνοις τούτοις ἀνθρώπων οἶμαι κρεῖττον εἶναι

γενέσθαι, οἵτινες, ἐπειδὴ θνητῶν σωμάτων ἔτυχον, ἀθάνατον μνήμην διὰ τὴν ἀρετὴν ⟨τὴν⟩ αὐτῶν κατέλιπον· ὅμως δ' ἀνάγκη τοῖς ἀρχαίοις ἔθεσι χρῆσθαι, καὶ θεραπεύοντας τὸν πάτριον νόμον ὀλοφύρεσθαι τοὺς θαπτομένους.

Commentary on Lysias 2
FUNERAL ORATION

[2.1]
οἷόν τε εἶναι] = See the note on 1.6.
ἐμεμψάμην ἄν] Indicative + ἄν in the apodosis of a past contrafactual condition (S. 2302).
ἐξ ὀλίγων ἡμερῶν] Genitive of time within which.
συγγνώμης] Genitive object of τυγχάνειν.

[2.2]
μοι] The dative can denote possession with the verb εἰμί (S. 1476).
αὐτῶν] Genitive of possession with κακά.

[2.3]
ἐν τοῖς καιροῖς τοῖς τοιούτοις] i.e., funeral orations.

[2.4]
ὡπλισμέναι] From ὁπλίζω.
τῶν περὶ αὐτάς] τῶν is a partitive genitive with μόναι. "alone of those around them".
οἷς] The antecedent is τοὺς ἵππους.
ᾕρουν] From αἱρέω.
τῶν ἀνδρῶν ... διαφέρειν] The genitive is used with διαφέρω to express the thing from which something differs (LSJ s.v. διαφέρω III).

[2.5]
χάριν] χάριν + a genitive = "for the sake of". χάριν usually follows the genitive (S. 1700).
ὁμοίας ... τῇ φύσει] ὅμοιος uses the dative to show the person or thing resembled.
ἐκτήσαντο] Aorist from κτάομαι.

[2.6]
ἡμαρτημένων] Perfect participle from ἁμαρτάνω.
ἀπαγγεῖλαι] Aorist active infinitive of ἀπαγγέλλω.
αὐτοῦ γὰρ ἀποθανοῦσαι] αὐτοῦ is a genitive of place.
τὴν ἑαυτῶν] τὴν is used as a substantive. In this passage, it equals τὴν χώραν.

[2.7]

οὐκ ἐώντων Καδμείων] Circumstantial genitive absolute. ἐώντων is a present participle from ἐάω.

τοὺς δὲ κάτω] τοὺς = τοὺς θεούς.

[2.8]

ἀνδρῶν μὲν ἀγαθῶν] The genitive used as a predicate can denote the quality or characteristics of a person or thing (S. 1320).

ζῶντας] Present participle of ζάω.

ἀπιστούντων] Parallel to ἀνδρῶν μὲν ἀγαθῶν above. Read νομίζοντες εἶναι a second time.

σφίσιν αὐτοῖς] The dative is used with ἀπιστέω to describe the person not trusted or believed (LSJ *s.v.* ἀπιστέω I.2).

[2.9]

ὑπὲρ μὲν τῶν ... ὑπὲρ δὲ τῶν] Specifies what the Athenians did ὑπὲρ ἀμφοτέρων.

ἐξυβρίσωσιν and ἀπέλθωσι] Lysias uses the subjunctive instead of the optative in these purpose clauses to show that this was the reason that the Athenians understood for their actions (S. 2197a).

ἡμαρτηκότες] From ἁμαρτάνω.

[2.10]

ἁπάντων ἀνθρώπων] κοινός can take the genitive to express the thing shared in common (S. 1414).

τὸ δὲ δίκαιον ἔχοντες σύμμαχον] σύμμαχον is a cognate accusative. "Having justice as their ally".

ἕνεκα] ἕνεκα + the genitive = "for the sake of ...". As with χάριν above in 2.5, ἕνεκα usually follows the genitive (S. 1665a, 1700).

τοὺς Ἀργείων νεκρούς] Specifies the meaning of τὰ ἆθλα above.

[2.11]

ἠφανίσθη] From ἀφανίζω.

αἰσχυνομένων] Concessive participle.

[2.12]

ἐξαιτουμένου δὲ αὐτοὺς Εὐρυσθέως] Genitive absolute.

ᾐδοῦντο] Imperfect of αἰδέομαι, "to feel respect".

ὑπ' ἐκείνων] Agent of the passive participle ἀδικουμένους. The antecedent is τοῖς δυναμένοις.

[2.13]

οὐκ] Negates μετέγνωσαν.

ἐγγὺς τῶν δεινῶν] ἐγγύς takes the genitive of the thing that is near (S. 1700).

μετέγνωσαν] From μεταγιγνώσκω. "To change one's mind, waver".

τοῦ πατρὸς αὐτῶν] I.e., Heracles. αὐτῶν is a possessive genitive.

[2.14]

ἤραντο] From αἴρω, here = "to undertake".

τοὺς μὲν κωλύειν ... τοῖς δ' ἐπικουρεῖν] τοὺς μὲν and τοῖς δ' are both used as substantives.

δικαιοσύνης δὲ τοῖς ἀδικουμένοις βοηθεῖν and εὐψυχίας δ' ὑπὲρ τούτων ἀμφοτέρων... μαχομένους ἀποθνῄσκειν] Read ἡγούμενοι σημεῖον εἶναι with both of these phrases.

[2.15]
 ἱκέτας αὐτῶν] The antecedent of αὐτῶν is οἱ Ἀθηναῖοι.
 ἐζήτουν and ἠξίουν] Indicatives in a result clause to show the actual result of the action of the main verb (S. 2273-2274).
 ἐξελεῖν] From ἐξαιρέω.
 ἰδίᾳ δυνάμει] "As a single power" (in contrast to all of the armies gathered by Eurystheus).

[2.16]
 τοῦ πατρός] Genitive of comparison.
 ὁ μὲν γάρ] I.e., Heracles. Coordinates with οἱ δὲ παῖδες below.

[2.17]
 πολλά] Accusative of respect.
 οὐ γάρ] οὐ Negates ᾤκησαν.

[2.18]
 ἐν ἐκείνῳ τῷ χρόνῳ] Dative of time when.
 ὁμόνοιαν ... μεγίστην] Predicate object of εἶναι.
 ἐλευθέραις ταῖς ψυχαῖς] Dative of manner with ἐπολιτεύοντο (S. 1527).

[2.19]
 νόμῳ] Dative of means with τιμῶντες and κολάζοντες (S. 1507).
 ὁρίσαι, πεῖσαι, and ὑπηρετεῖν] These three infinitives are all governed by προσήκειν.

[2.20]
 φύντες] From φύω. Here = "to be by nature".
 τῶν ἐνθάδε κειμένων] Possessive genitive.
 οἱ ἐξ ἐκείνων γεγονότες] The generations after the Athenians' mythic ancestors but before those being honored in this speech.

[2.21]
 ὑπάρχουσιν] From ὑπάρχω. Here = "already existing" (LSJ *s.v.* ὑπάρχω B.2).
 τήνδε τὴν πόλιν] Take this as the object of both ποιήσαιντο and καταστρέψαιντο.
 ἑκοῦσαν φίλην] Predicate accusative with τήνδε τὴν πόλιν and ποιήσαιντο (S. 1613-1614).
 ᾧ τινι ... τρόπῳ] Dative of manner.

[2.22]
 παρειστήκει] Pluperfect of παρίστημι.
 ἥξουσι] From ἥκω.

πρὸς ἐκείνους ὑπὲρ αὐτῶν] ἐκείνους refers to the Persians, αὐτῶν to the Athenians.

[2.23]

τὸν εὐκλεᾶ θάνατον] Subject of καταλείπειν in indirect discourse introduced by νομίζοντες.
ἀθάνατον ... λόγον] Object of καταλείπειν in indirect discourse.
αὐτῶν ἐν τῇ χώρᾳ] αὐτῶν is a possessive genitive.
ἀνέμειναν] Aorist of ἀναμένω.
ᾠήθησαν] Aorist of οἴομαι.

[2.24]

ἀπήντων] Imperfect of ἀπαντάω, here = "to oppose" (LSJ *s.v.* ἀπαντάω I.2).
ἀποθανεῖν μὲν αὐτοῖς] προσήκω — meaning "to belong to, be appropriate" — takes an infinitive showing the action and a dative showing the person involved (LSJ *s.v.* προσήκω II.2.b).
ἀγαθοὺς δ' εἶναι μετ' ὀλίγων] Read προσήκειν αὐτοῖς a second time with this phrase.
τὰς ψυχὰς ἀλλοτρίας... κεκτῆσθαι] I.e., to consider that their souls belonged to someone else.
δύνασθαι] = supply νικεῖν with δύνασθαι.
ὀλίγῳ] Dative of time when (S. 1540).
προαπολεῖσθαι and ἐλευθερώσειν] These two future infinitives are governed by ἠξίουν in the previous clause.

[2.25]

αἰσχυνόμενοι] Here the sense of αἰσχύνω becomes "respecting, honoring".
τρόπαιον ... τῶν βαρβάρων] τρόπαιον can take a genitive showing the person defeated to earn the trophy or monument (LSJ *s.v.* τρόπαιον).
ἐκ τῆς αὐτῶν] τῆς = τῆς χώρας, αὐτῶν is a possessive genitive.
ἐμβαλόντων] Circumstantial participle asserting the reason that the Persians invaded Greece.

[2.26]

διὰ ταχέων] = "quickly" (S. 1685d).
ἔδεισεν] From δείδω.
ἥσθησαν] Aorist passive of ἥδομαι, "to rejoice, take pleasure".
πάλαι τῶν ἔργων γεγενημένων] Genitive absolute; πάλαι is an adverb.

[2.27]

δεκάτῳ ἔτει] Dative of time when.
διακοσίαις μὲν καὶ χιλίαις ναυσὶν] Dative of accompaniment.
τῆς δὲ πεζῆς στρατιᾶς] Genitive of specification with τὸ πλῆθος.

[2.28]

ἐξὸν] Concessive participle of ἔξεστι, "although it was possible".

αὐτῷ] Refers to Xerxes.
χιλίαις ναυσὶ] Dative of means (S. 1507).
[2.29]
ὁδὸν] Accusative object of ἐποιήσατο.
ὑφισταμένου οὐδενός] Genitive absolute.
ἀλλὰ τῶν μὲν ἀκόντων ὑπακουόντων and τῶν δὲ ἑκόντων προδιδόντων] These are also genitive absolutes. In this context, ὑπακούω means "to obey, submit" (LSJ *s.v.* ὑπακούω II.3).
οἱ μὲν γὰρ οὐχ ἱκανοὶ ...] Refers to τῶν μὲν ἀκόντων ὑπακουόντων.
οἱ δ' ὑπὸ χρημάτων ...] Refers to τῶν δὲ ἑκόντων προδιδόντων.
[2.30]
οὕτως διακειμένης τῆς Ἑλλάδος] Genitive absolute modified by an adverb, as above with πάλαι τῶν ἔργων γεγενημένων in 2.26.
ἀπήντησαν] From ἀπαντάω.
[2.31]
τοῦ πλήθους ψευσθέντες] ψεύδω takes a genitive showing the thing about which they are deceived.
ᾤοντο] Imperfect from οἴομαι.
ἡττηθέντες τῶν ἐναντίων] ἡττάομαι can take a genitive of agent without ὑπό (S. 1493a, 1402).
[2.32]
τῶν μὲν δυστυχησάντων, τῶν δὲ τῆς παρόδου κρατησάντων] τῶν μὲν = "the Spartans", τῶν δὲ = "the Persians".
[2.33]
δυοῖν δὲ προκειμένοιν] Dual genitives in genitive absolute construction.
τῆς πατρίδος] Objective genitive with δουλείαν (S. 1331).
κινδυνεύσωσιν] Subjunctive in a purpose clause even though the leading verb (ἐξέλιπον) is in secondary sequence. The subjunctive is used because it represents the form in which the Athenians expressed their reason for leaving and is therefore more vivid (S. 2197a). The same construction appears in 2.9 above.
[2.34]
συνήθροιζον] Imperfect from συναθροίζω.
πολλαῖς δ' ὕστερον ἡμέραις] Dative of time when.
οὐκ] Negates ἐφοβήθη.
[2.35]
ἢ οἱ θεώμενοι and ἢ οἱ μέλλοντες] These two nominatives are in parallel construction; both serve as subjects of ποίαν δὲ γνώμην εἶχον.
οὔσης ... κινδύνου] Genitive absolute.
[2.36]
αὐτοῖς] Dative of disadvantage (S. 1481).
εἶναι] Main verb of a clause of natural result introduced by ὥστε.

προειδέναι] Articular infinitive with τόν (S. 2025).
ἤλπιζον] Imperfect form of ἐλπίζω, here it means "to expect" rather than "to hope".

[2.37]
τὴν πόλιν ἠρημωμένην and τὴν δὲ χώραν πορθουμένην καὶ μεστὴν] ἠρημωμένην and πορθουμένην καὶ μεστὴν are predicate accusatives with a verb of knowing. (S. 1613). i.e., "Knowing the city to be empty ...".

[2.38]
ταὐτῷ] Dative of time when, i.e., "At the same time".
πολὺν χρόνον] Accusative showing the extent of time (S. 1582).

[2.39]
ποῖαι δ' οὐχ ἱκετεῖαι θεῶν ἐγένοντο] = γίγνομαι = "to come into being" or "exist".
ἔλεός, πόθος, and οἶκτός] These nominatives are parallel with ἱκετεῖαι θεῶν and θυσιῶν ἀναμνήσεις.

[2.40]
θεῶν] Genitive of specification with τίς.
ἠλέησεν] The indicative with ἄν shows the contrafactual nature of the assertion.
τίς ἀνθρώπων] Parallel with τίς θεῶν.
ἢ τίς τῆς τόλμης αὐτοὺς οὐκ ἂν ἠγάσθη] Although this construction looks as if it might be parallel with τίς θεῶν and τίς ἀνθρώπων, Lysias here varies his syntax: ἄγαμαι takes a genitive expressing the admired quality or person and an accusative expressing the person or thing admired.
πολὺ πλεῖστον] Adverbial accusative expressing the degree to which these ancestors surpassed other men (S. 1609).
ἁπάντων ἀνθρώπων διήνεγκαν] διαφέρω expresses the thing differed from in the genitive, as above in 2.4 (LSJ s.v. διαφέρω III).

[2.42]
στρατηγὸν Θεμιστοκλέα, ναῦς δὲ πλείους ..., and ἄνδρας ἐμπειροτάτους] Read συνεβάλοντο with all of these phrases. They amplify and specify what Lysias means by πλεῖστα δὲ καὶ κάλλιστα at the beginning of this sentence.
ἱκανώτατον] In apposition to στρατηγὸν Θεμιστοκλέα.
τῶν ἄλλων ἁπάντων συμμάχων] Genitive of comparison.
τῶν ἄλλων Ἑλλήνων] Genitive of specification with τίνες.
ἤρισαν γνώμῃ καὶ πλήθει καὶ ἀρετῇ] ἐρίζω takes the dative to show the things that are contested.

[2.43]
τοῖς κινδύνοις] Dative with the participle ὁμονοοῦσαν.
γνησίαν δὲ καὶ αὐτόχθονα] These two accusatives with ἐπεδείξαντο serve as a predicate to the direct object τὴν ἀρετὴν (S. 1613).

[2.44]

καὶ τοῖς ἄλλοις] καὶ is emphatic. τοῖς ἄλλοις is a dative of advantage (S. 1481).

διατειχιζόντων, ἀγαπώντων, νομιζόντων, and διανοουμένων] All of the participles in the first part of this sentence modify Πελοποννησίων in a circumstantial genitive absolute construction.

ἀπηλλάχθαι] Perfect infinitive of ἀπαλλάττω.

τοὺς ἄλλους Ἕλληνας] Accusative object of περιιδεῖν.

περιιδεῖν] Infinitive in indirect discourse introduced by διανοουμένων.

[2.45]

Ἀθηναῖοι] This is the subject of the long sentence that begins in 2.44.

αὐτοὶ] I.e., the Athenians.

ἐκείνοις] I.e., the Peloponnesians.

[2.46]

αὐτοὶ] The antecedent is the Peloponnesians.

ἀποδράντων δὲ ὑπὸ νύκτα τῶν πλείστων συμμάχων] Genitive absolute.

ἀπογνόντας τῆς ἐλευθερίας] ἀπογιγνώσκω expresses the thing despaired of in the genitive (LSJ s.v. ἀπογιγνώσκω II).

τοὺς ἀπογνόντας and ὑπομείναντας] These modify πάντας τοὺς Ἕλληνας.

[2.47]

τοῖς προτέροις] I.e., the previous battles in the Persian wars.

[2.48]

ὑστέρῳ δὲ χρόνῳ] Dative of time when.

Ἑλληνικοῦ πολέμου καταστάντος] Genitive absolute. The Ἑλληνικοῦ πολέμου is the Peloponnesian war.

μικρῶν δ' ἐγκλημάτων] δέω expresses the thing needed in the genitive.

ναυμαχίας ... γενομένης] Genitive absolute.

Ἀθηναίοις] Dative of reference with the genitive absolute (S. 1475).

[2.49]

κατὰ τὸν αὐτὸν χρόνον] κατὰ with the accusative can express a temporal relationship (S. 1690.2.b).

τῆς ἡκίας ἀπούσης] Genitive absolute. τῆς ἡλικίας = "young people" not "time of life" (LSJ s.v. ἡλικία II).

ἐμβαλεῖν and ἄξειν] Infinitives in indirect discourse introduced by ἡγούμενοι.

[2.50]

τῶν μὲν ἀπόντων and τῶν δ' ἐγγὺς ὄντων] Both are genitives of explanation with οὐδένα (S. 1322).

τῶν ἐπιόντων] Genitive with καταφρονήσαντες.

οἱ τῆς ἡλικίας ἐντὸς γεγονότες] Here = "not yet of age".

[2.51]

τῶν μὲν πρεσβυτέρων ἄρχειν ἐπισταμένων] Genitive absolute. ἄρχειν is an infinitive governed by ἐπισταμένων.

[2.52]

τοῖς ἤδη ἀπειρηκόσι καὶ τοῖς οὔπω δυναμένοις] Datives of means.
τοὺς εἰς τὴν σφετέραν ἐμβαλεῖν ἀξιώσαντας] Read ἐνίκων a second time with this phrase. It expands on the idea of ἅπασαν τὴν δύναμιν τὴν ἐκείνων.
εἰς τὴν σφετέραν] = τὴν χώραν σφετέραν.
εἰς τὴν ἀλλοτρίαν] = εἰς τὴν χώραν ἀλλοτρίαν, as above. This phrase also shifts the focus back to the old and young Athenians who fought the Corinthians.

[2.53]

τρόπαιον ... καλλίστου ... ἔργου] τρόπαιον can be used with a genitive showing the purpose of the monument.
αὐτοῖς, τοῖς πολεμίοις] αὐτοῖς is a dative of advantage, τοῖς πολεμίοις a dative of disadvantage (S. 1481).
ταῖς δὲ ψυχαῖς] Dative of respect (S.1516).
εἰς τὴν αὐτῶν] See note on εἰς τὴν σφετέραν in 2.52.
οἱ μὲν πάλιν ἐπαιδεύοντο, οἱ δὲ περὶ τῶν λοιπῶν ἐβουλεύοντο] In this phrase, οἱ μὲν = "the young", οἱ δὲ = "the old"

[2.54]

καθ' ἕκαστον] Distributive. "in turn", or "individually".
ὑφ' ἑνός] "By one person". Alludes to Lysias' claims of inadequacy in 2.1. This passage marks a shift in the focus of the work from the distant past to more recent events.
ῥηθῆναι] Aorist passive infinitive of ἐρῶ.
γένοιτο] Potential optative with ἄν.

[2.55]

ἐλευθέραν μὲν ἐποίησαν τὴν Ἑλλάδα] ποιέω takes a double accusative, with one of the person affected, the other of the thing.
ἀστασιάστους] Predicate accusative with παρασχόντες (S. 1613).

[2.56]

τῶν ἀλλοτρίων] ἐπιθυμέω takes a genitive to express the thing desired.
ἐπεθύμει] Indicative in a result clause showing the actual result of an action introduced by ὥσθ' (S. 2273-2274).

[2.57]

ἠνδραποδίσθη] From ἀνδραποδίζω.

[2.58]

ἀπολομένων γὰρ τῶν νεῶν ἐν Ἑλλησπόντῳ] Genitive absolute.
εἴτε ἡγεμόνος κακίᾳ εἴτε θεῶν διανοίᾳ] Datives of means with genitives of specification. "Either because of the bad nature of the leader

or the will of the gods".
τῆς Ἑλλάδος] Genitive with σωτηρία.

[2.59]
ἑτέρων γὰρ ἡγεμόνων γενομένων] Genitive absolute.
ναυμαχοῦντες] Circumstantial participle modifying οἱ πρότερον εἰς τὴν θάλατταν οὐκ ἐμβαίνοντες.
ἐγκαθεστᾶσιν] Perfect form of ἐγκαθίστημι.

[2.60]
ὡς συγκαταθαπτομένης] Participle stating the purported cause for the action.
τῇ τούτων ἀρετῇ] Dative of accompaniment (S. 1524).
λαβόμενος] The sense of this word here is "to have dealings with".
τῇ μὲν γὰρ τούτων ... τῷ δ' ἄλλων ...] The contrast here is between ἡ Ἑλλάς and ὁ τῆς Ἀσίας βασιλεύς.

[2.61]
ἐξήχθην] Aorist passive from ἐξάγω.

[2.62]
ταῖς αὑτῶν ψυχαῖς] Dative of means.
τοῖς ἄλλοις] Dative of advantage (S.1481).
τῇ αὑτῶν] See note on εἰς τὴν σφετέραν in 2.52.
πολεμίους ...] Read ἔχοντες a second time here.
ὑπάρχοντας] Here = "already existing" (LSJ s.v. ὑπάρχω B.2).

[2.63]
τρόπαιον μὲν τῶν πολεμίων] See note on 2.25.
καθῃρημένων] Perfect participle from καθαιρέω.

[2.64]
τοῖς ἔργοις] ἀδελφός with a dative can mean "similar to ..." (LSJ s.v. ἀδελφός II.2).
ἐτράποντο] Aorist from τρέπω.
τῆς μὲν αὑτῶν ἐλευθερίας] μετέδοσαν takes a genitive to show the thing shared.
τοῖς βουλομένοις δουλεύειν] τοῖς βουλομένοις is a dative indirect object, δουλεύειν is its complementary infinitive.

[2.65]
οὐ κακίᾳ τῇ αὑτῶν οὐδ' ἀρετῇ τῶν πολεμίων] κακίᾳ and ἀρετῇ are datives of cause (S. 1517).
στασιάσαντες] Circumstantial participle.
παρόντων Πελοποννησίων καὶ τῶν ἄλλων ἐχθρῶν] Concessive genitive absolute.

[2.66]
τῷ πλήθει βοηθήσαντες] βοηθέω uses the dative to show the person being helped.
πατρίδα τὴν ἀρετὴν ἡγησάμενοι] Verbs such as ἡγέομαι can take a second accusative (i.e., πατρίδα) as a predicate of the direct object (i.e.,

τὴν ἀρετὴν) (S. 1613).

τὸν ἅπαντα χρόνον] Accusative showing the extent of time (S. 1582).

[2.67]

οἱ δὲ νῦν θαπτόμενοι] At this point, Lysias finally moves from past events to discuss the deeds of those actually being buried.

βοηθήσαντες Κορινθίοις] See note on 2.66.

οἱ μὲν γὰρ ... ἐφθόνουν, οἱ δὲ .. ἠλέουν] The contrast here is between the Lacedaemonians and the Athenians.

περὶ πολλοῦ ποιούμενοι] See note on 1.1.

[2.68]

νικήσαντες] Conditional participle.

⟨ἂν⟩ .... ἠξίουν] ἂν denotes the contrafactual nature of the assertion.

τῶν αὐτῶν] Neuter. "These things", i.e., freedom.

δυστυχήσαντες] Circumstantial participle.

τοῖς ἐν τῇ Πελοποννήσῳ] τοῖς is used as a substantive.

[2.69]

ὁ βίος οἰκτρὸς καὶ ὁ θάνατος εὐκτός] ὁ βίος and ὁ θάνατος are predicate subjects, οἰκτρός and εὐκτός are predicate objects. The verb "to be" is omitted (S. 944).

ζῶντες καὶ ἀποθανόντες] Nominative participles modifying οὗτοι.

ζηλωτοί] Predicate object of οὗτοι.

[2.70]

ἐπηνώρθωσαν] Aorist of ἐπανορθόω, "to set up, restore".

ἀπὸ τῆς αὐτῶν] Note the continued omission of the word χώρα (i.e., ἀπὸ τῆς χώρας αὐτῶν).

[2.71]

τοιούτων ἀνδρῶν θαπτομένων] Circumstantial genitive absolute.

πάντα περὶ ἐλάττονος τῆς ἀρετῆς ἡγούμενοι] ἡγούμενοι περὶ ἐλάττονος = "to consider of less account" (LSJ s.v. ἐλάττων I.3).

τῆς ἀρετῆς] genitive of comparison.

[2.72]

νεώτεροί εἰσιν ἢ ὥστε εἰδέναι] ἢ ὥστε can be used with the infinitive to denote inability (S. 2007).

οἵων πατέρων] ἐστέρηνται takes the genitive showing the thing taken away.

ἐξ ὧν δ' οὗτοι γεγόνασιν] Read with οἰκτείρω.

[2.73]

τούτων] Genitive of comparison.

τοὺς αὐτῶν] τοὺς is used as a substantive, αὐτῶν is a genitive of possession.

τῷ σώματι] Dative of respect.

ποθεινότερον δ' αὐτοῖς] αὐτοῖς is a dative of reference.

ὅσῳ γὰρ .... τοσούτῳ] Datives showing the degree of difference in a coordinating construction. "To the extent that ... by this much ..." (S. 1513).

[2.74]
τῶν μὲν σφετέρων τέκνων τετελευτηκότων and τῶν δὲ ζώντων ἀπολαυόντων τῆς τούτων ἀρετῆς] Both circumstantial genitive absolutes, coordinated with μὲν and δὲ.
τῆς τούτων ἀρετῆς] Genitive object of ἀπολαυόντων.

[2.75]
περὶ πολλοῦ ποιοίμεθα] See note on 1.1.
τῶν ἐνθάδε κειμένων] Genitive of comparison with μᾶλλον.

[2.76]
τῶν ζώντων] Genitive of explanation with τίνας, not a genitive of comparison parallel to τῶν ἐνθάδε κειμένων above.
τὸ ἴσον] Adverbial accusative.
ἀποθανόντων] Circumstantial participle.

[2.77]
ὑπερορᾷ] From ὑπεροράω. "Disdain, look down on".
ἴσον] Adverbial.

[2.78]
τὸν λοιπὸν χρόνον] Accusative showing extent of time.
εἰληχώς] Perfect active participle from λαγχάνω modifying ὁ δαίμων.
ἀπαραίτητος] Predicate object of ὁ δαίμων.

[2.79]
οὐκ ἐπιτρέψαντες περὶ αὐτῶν τῇ τύχῃ] ἐπιτρέπω takes a dative showing the thing relied on.
ἀγήρατοι] Predicate object of αἱ μνῆμαι.
ζηλωταὶ] Predicate object of αἱ τιμαί.

[2.80]
ταῖς αὐταῖς τιμαῖς] Dative of means.
τοὺς ἀθανάτους] Predicate accusative, with τοὺς ἐν τῷ πολέμῳ τετελευτηκότας, i.e., "To honor those having died in war as immortals".

[2.81]
τοῦ θανάτου] μακαρίζω can take an accusative showing the person considered happy and the genitive showing the reason.
γενέσθαι] Complementary infinitive with κρεῖττον εἶναι = "better to be born."
θνητῶν σωμάτων ἔτυχον] τυγχάνω meaning "to hit" or "obtain" takes a genitive object.
ἔθεσι] Neuter dative plural of ἔθος.

Lysias 3
DEFENSE AGAINST SIMON

[1] πολλὰ καὶ δεινὰ συνειδὼς Σίμωνι, ὦ βουλή, οὐκ ἄν ποτ' αὐτὸν εἰς τοσοῦτο τόλμης ἡγησάμην ἀφικέσθαι, ὥστε ὑπὲρ ὧν αὐτὸν ἔδει δοῦναι δίκην, ὑπὲρ τούτων ὡς ἀδικούμενον ἔγκλημα ποιήσασθαι καὶ οὕτω μέγαν καὶ σεμνὸν ὅρκον διομοσάμενον εἰς ὑμᾶς ἐλθεῖν. [2] εἰ μὲν οὖν ἄλλοι τινὲς ἔμελλον περὶ ἐμοῦ διαγνώσεσθαι, σφόδρα ἂν ἐφοβούμην τὸν κίνδυνον, ὁρῶν ὅτι καὶ παρασκευαὶ καὶ τύχαι ἐνίοτε τοιαῦται γίγνονται, ὥστε πολλὰ καὶ παρὰ γνώμην ἀποβαίνειν τοῖς κινδυνεύουσιν· εἰς ὑμᾶς δ' εἰσελθὼν ἐλπίζω τῶν δικαίων τεύξεσθαι. [3] μάλιστα δ' ἀγανακτῶ, ὦ βουλή, ὅτι περὶ τοιούτων πραγμάτων εἰπεῖν ἀναγκασθήσομαι πρὸς ὑμᾶς, ὑπὲρ ὧν ἐγὼ αἰσχυνόμενος, εἰ μέλλοιεν πολλοί μοι συνείσεσθαι, ἠνεσχόμην ἀδικούμενος. ἐπειδὴ δὲ Σίμων με εἰς τοιαύτην ἀνάγκην κατέστησεν, οὐδὲν ἀποκρυψάμενος ἅπαντα διηγήσομαι πρὸς ὑμᾶς τὰ πεπραγμένα. [4] ἀξιῶ δέ, ὦ βουλή, εἰ μὲν ἀδικῶ, μηδεμιᾶς συγγνώμης τυγχάνειν· ἐὰν δὲ περὶ τούτων ἀποδείξω ὡς οὐκ ἔνοχός εἰμι οἷς Σίμων διωμόσατο, ἄλλως δὲ ὑμῖν φαίνωμαι παρὰ τὴν ἡλικίαν τὴν ἐμαυτοῦ ἀνοητότερον πρὸς τὸ μειράκιον διατεθείς, αἰτοῦμαι ὑμᾶς μηδέν με χείρω νομίζειν, εἰδότας ὅτι ἐπιθυμῆσαι μὲν ἅπασιν ἀνθρώποις ἔνεστιν, οὗτος δὲ βέλτιστος ἂν εἴη καὶ σωφρονέστατος, ὅστις κοσμιώτατα τὰς συμφορὰς φέρειν δύναται. οἷς ἅπασιν ἐμποδὼν ἐμοὶ γεγένηται Σίμων οὑτοσί, ὡς ἐγὼ ὑμῖν ἐπιδείξω.

[5] ἡμεῖς γὰρ ἐπεθυμήσαμεν, ὦ βουλή, Θεοδότου, Πλαταϊκοῦ μειρακίου, καὶ ἐγὼ μὲν εὖ ποιῶν αὐτὸν ἠξίουν εἶναί μοι φίλον, οὗτος δὲ ὑβρίζων καὶ παρανομῶν ᾤετο ἀναγκάσειν αὐτὸν ποιεῖν ὅ τι βούλοιτο. ὅσα μὲν οὖν ἐκεῖνος κακὰ ὑπ' αὐτοῦ πέπονθε, πολὺ ἂν ἔργον εἴη λέγειν· ὅσα δὲ εἰς ἐμὲ αὐτὸν ἐξημάρτηκεν, ἡγοῦμαι ταῦθ' ὑμῖν προσήκειν ἀκοῦσαι. [6]

πυθόμενος γὰρ ὅτι τὸ μειράκιον ἦν παρ' ἐμοί, ἐλθὼν ἐπὶ τὴν οἰκίαν τὴν ἐμὴν νύκτωρ μεθύων, ἐκκόψας τὰς θύρας εἰσῆλθεν εἰς τὴν γυναικωνῖτιν, ἔνδον οὐσῶν τῆς τε ἀδελφῆς τῆς ἐμῆς καὶ τῶν ἀδελφιδῶν, αἳ οὕτω κοσμίως βεβιώκασιν ὥστε καὶ ὑπὸ τῶν οἰκείων ὁρώμεναι αἰσχύνεσθαι. [7] οὗτος τοίνυν εἰς τοῦτο ἦλθεν ὕβρεως ὥστ' οὐ πρότερον ἠθέλησεν ἀπελθεῖν, πρὶν αὐτὸν ἡγούμενοι δεινὰ ποιεῖν οἱ παραγενόμενοι καὶ οἱ μετ' αὐτοῦ ἐλθόντες, ἐπὶ παῖδας κόρας καὶ ὀρφανὰς εἰσιόντα, ἐξήλασαν βίᾳ. καὶ τοσούτου ἐδέησεν αὐτῷ μεταμελῆσαι τῶν ὑβρισμένων, ὥστε ἐξευρὼν οὗ ἐδειπνοῦμεν ἀτοπώτατον πρᾶγμα καὶ ἀπιστότατον ἐποίησεν, εἰ μή τις εἰδείη τὴν τούτου μανίαν. [8] ἐκκαλέσας γάρ με ἔνδοθεν, ἐπειδὴ τάχιστα ἐξῆλθον, εὐθύς με τύπτειν ἐπεχείρησεν· ἐπειδὴ δὲ αὐτὸν ἠμυνάμην, ἐκστὰς ἔβαλλέ με λίθοις. καὶ ἐμοῦ μὲν ἁμαρτάνει, Ἀριστοκρίτου δέ, ὃς παρ' ἐμὲ ἦλθε μετ' αὐτοῦ, βαλὼν λίθῳ συντρίβει τὸ μέτωπον. [9] ἐγὼ τοίνυν, ὦ βουλή, ἡγούμενος μὲν δεινὰ πάσχειν, αἰσχυνόμενος δέ, ὅπερ ἤδη καὶ πρότερον εἶπον, τῇ συμφορᾷ, ἠνειχόμην, καὶ μᾶλλον ᾑρούμην μὴ λαβεῖν τούτων τῶν ἁμαρτημάτων δίκην ἢ δόξαι τοῖς πολίταις ἀνόητος εἶναι, εἰδὼς ὅτι τῇ μὲν τούτου πονηρίᾳ πρέποντα ἔσται τὰ πεπραγμένα, ἐμοῦ δὲ πολλοὶ καταγελάσονται τοιαῦτα πάσχοντος τῶν φθονεῖν εἰθισμένων, ἐάν τις ἐν τῇ πόλει προθυμῆται χρηστὸς εἶναι. [10] οὕτω δὲ σφόδρα ἠπορούμην ὅ τι χρησαίμην, ὦ βουλή, τῇ τούτου παρανομίᾳ, ὥστε ἔδοξέ μοι κράτιστον εἶναι ἀποδημῆσαι ἐκ τῆς πόλεως. λαβὼν δὴ τὸ μειράκιον (ἅπαντα γὰρ δεῖ τἀληθῆ λέγειν) ᾠχόμην ἐκ τῆς πόλεως. ἐπειδὴ δὲ ᾤμην ἱκανὸν εἶναι τὸν χρόνον Σίμωνι ἐπιλαθέσθαι μὲν τοῦ νεανίσκου, μεταμελῆσαι δὲ τῶν πρότερον ἡμαρτημένων, ἀφικνοῦμαι πάλιν. [11] κἀγὼ μὲν ᾠχόμην εἰς Πειραιᾶ, οὗτος δ' αἰσθόμενος εὐθέως ἥκοντα τὸν Θεόδοτον καὶ διατρίβοντα παρὰ Λυσιμάχῳ, ὃς ᾤκει πλησίον τῆς οἰκίας ἧς οὗτος ἐμεμίσθωτο, παρεκάλεσέ τινας τῶν τούτου ἐπιτηδείων. καὶ οὗτοι μὲν ἠρίστων καὶ ἔπινον· φύλακας δὲ κατέστησαν ἐπὶ τοῦ τέγους, ἵν', ὁπότε ἐξέλθοι τὸ μειράκιον, εἰσαρπάσειαν αὐτόν. [12] ἐν δὲ τούτῳ τῷ καιρῷ ἀφικνοῦμαι ἐγὼ ἐκ Πειραιῶς, καὶ τρέπομαι παριὼν ὡς τὸν Λυσίμαχον· ὀλίγον δὲ χρόνον διατρίψαντες ἐξερχόμεθα. οὗτοι δ' ἤδη μεθύοντες ἐκπηδῶσιν ἐφ' ἡμᾶς. καὶ οἱ μέν τινες αὐτῷ τῶν παραγενομένων οὐκ ἠθέλησαν συνεξαμαρτεῖν, Σίμων δὲ οὑτοσὶ καὶ Θεόφιλος καὶ Πρώταρχος καὶ Αὐτοκλῆς εἷλκον τὸ μειράκιον. ὁ δὲ ῥίψας τὸ ἱμάτιον ᾤχετο φεύγων. [13] ἐγὼ δὲ ἡγούμενος ἐκεῖνον μὲν ἐκφεύξεσθαι, τούτους δ', ἐπειδὴ τάχιστα ἐντύχοιεν ἀνθρώποις, αἰσχυνομένους ἀποτρέψεσθαι -- ταῦτα διανοηθεὶς ἑτέραν ὁδὸν ᾠχόμην ἀπιών· οὕτω σφόδρ' αὐτοὺς ἐφυλαττόμην, καὶ πάντα τὰ ὑπὸ τούτων γιγνόμενα μεγάλην ἐμαυτῷ συμφορὰν ἐνόμιζον. [14] κἀνταῦθα μέν, ἵνα φησὶ Σίμων τὴν μάχην γενέσθαι, οὔτε τούτων οὔτε ἡμῶν οὐδεὶς οὔτε κατεάγη τὴν κεφαλὴν οὔτε ἄλλο κακὸν οὐδὲν ἔλαβεν, ὡς ἐγὼ τοὺς παραγενομένους ὑμῖν παρέξομαι μάρτυρας.

Μάρτυρες

[15] ὅτι μὲν τοίνυν οὗτος ἦν ὁ ἀδικήσας, ὦ βουλή, καὶ ἐπιβουλεύσας ἡμῖν, καὶ οὐκ ἐγὼ τούτῳ, ὑπὸ τῶν παραγενομένων μεμαρτύρηται ὑμῖν. μετὰ δὲ ταῦτα τὸ μὲν μειράκιον εἰς γναφεῖον κατέφυγεν, οὗτοι δὲ συνεισπεσόντες ἦγον αὐτὸν βίᾳ, βοῶντα καὶ κεκραγότα καὶ μαρτυρόμενον. [16] συνδραμόντων δὲ ἀνθρώπων πολλῶν καὶ ἀγανακτούντων τῷ πράγματι καὶ δεινὰ φασκόντων εἶναι τὰ γιγνόμενα, τῶν μὲν λεγομένων οὐδὲν ἐφρόντιζον, Μόλωνα δὲ τὸν γναφέα καὶ ἄλλους τινὰς ἐπαμύνειν ἐπιχειροῦντας συνέκοψαν. [17] ἤδη δὲ αὐτοῖς οὖσι παρὰ τὴν Λάμπωνος οἰκίαν ἐγὼ μόνος βαδίζων ἐντυγχάνω, δεινὸν δὲ ἡγησάμενος εἶναι καὶ αἰσχρὸν περιιδεῖν οὕτως ἀνόμως καὶ βιαίως ὑβρισθέντα τὸν νεανίσκον, ἐπιλαμβάνομαι αὐτοῦ. οὗτοι δέ, δι' ὅ τι μὲν τοιαῦτα παρενόμουν εἰς ἐκεῖνον, οὐκ ἠθέλησαν εἰπεῖν ἐρωτηθέντες, ἀφέμενοι δὲ τοῦ νεανίσκου ἔτυπτον ἐμέ. [18] μάχης δὲ γενομένης, ὦ βουλή, καὶ τοῦ μειρακίου βάλλοντος αὐτοὺς καὶ περὶ τοῦ σώματος ἀμυνομένου καὶ τούτων ἡμᾶς βαλλόντων, ἔτι δὲ τυπτόντων αὐτὸν ὑπὸ τῆς μέθης, καὶ ἐμοῦ ἀμυνομένου, καὶ τῶν παραγενομένων ὡς ἀδικουμένοις ἡμῖν ἁπάντων ἐπικουρούντων, ἐν τούτῳ τῷ θορύβῳ συντριβόμεθα τὰς κεφαλὰς ἅπαντες. [19] καὶ οἱ μὲν ἄλλοι οἱ μετὰ τούτου παροινήσαντες, ἐπειδὴ τάχιστά με εἶδον μετὰ ταῦτα, ἐδέοντό μου συγγνώμην ἔχειν, οὐχ ὡς ἀδικούμενοι ἀλλ' ὡς δεινὰ πεποιηκότες· καὶ ἐξ ἐκείνου τοῦ χρόνου τεττάρων ἐτῶν παρεληλυθότων οὐδέν μοι πώποτε ἐνεκάλεσεν οὐδείς. [20] Σίμων δ' οὑτοσί, ὁ πάντων τῶν κακῶν αἴτιος γενόμενος, τὸν μὲν ἄλλον χρόνον ἡσυχίαν ἦγε δεδιὼς περὶ αὑτοῦ, ἐπειδὴ δὲ

δίκας ἰδίας ᾔσθετο κακῶς ἀγωνισάμενον ἐξ ἀντιδόσεως, καταφρονήσας μου οὑτωσὶ τολμηρῶς εἰς τοιοῦτον ἀγῶνά με κατέστησεν. ὡς οὖν καὶ ταῦτ' ἀληθῆ λέγω, τούτων ὑμῖν τοὺς παραγενομένους μάρτυρας παρέξομαι.

Μάρτυρες

[21] τὰ μὲν οὖν γεγενημένα καὶ ἐμοῦ καὶ τῶν μαρτύρων ἀκηκόατε· ἐβουλόμην δ' ἄν, ὦ βουλή, Σίμωνα τὴν αὐτὴν γνώμην ἐμοὶ ἔχειν, ἵν' ἀμφοτέρων ἡμῶν ἀκούσαντες τἀληθῆ ῥᾳδίως ἔγνωτε τὰ δίκαια. ἐπειδὴ δὲ αὐτῷ οὐδὲν μέλει τῶν ὅρκων ὧν διωμόσατο, πειράσομαι καὶ περὶ ὧν οὗτος ἔψευσται διδάσκειν ὑμᾶς. [22] ἐτόλμησε γὰρ εἰπεῖν ὡς αὐτὸς μὲν τριακοσίας δραχμὰς ἔδωκε Θεοδότῳ, συνθήκας πρὸς αὐτὸν ποιησάμενος, ἐγὼ δ' ἐπιβουλεύσας ἀπέστησα αὐτοῦ τὸ μειράκιον. καίτοι ἐχρῆν αὐτόν, εἴπερ ἦν ταῦτ' ἀληθῆ, παρακαλέσαντα μάρτυρας ὡς πλείστους κατὰ τοὺς νόμους διαπράττεσθαι περὶ αὐτῶν. [23] οὗτος δὲ τοιοῦτον οὐδὲν πώποτε φαίνεται ποιήσας, ὑβρίζων δὲ καὶ τύπτων [ἅμ'] ἀμφοτέρους ἡμᾶς καὶ κωμάζων καὶ τὰς θύρας ἐκβάλλων καὶ νύκτωρ εἰσιὼν ἐπὶ γυναῖκας ἐλευθέρας. ἃ χρὴ μάλιστα, ὦ βουλή, τεκμήρια νομίζειν ὅτι ψεύδεται πρὸς ὑμᾶς. [24] σκέψασθε δὲ ὡς ἄπιστα εἴρηκε. τὴν γὰρ οὐσίαν τὴν ἑαυτοῦ ἅπασαν πεντήκοντα καὶ διακοσίων δραχμῶν ἐτιμήσατο. καίτοι θαυμαστὸν εἰ τὸν ἑταιρήσοντα πλειόνων ἐμισθώσατο ὧν αὐτὸς τυγχάνει κεκτημένος. [25] εἰς τοῦτο δ' ἥκει τόλμης ὥστε οὐκ ἐξαρκεῖ περὶ τούτου μόνον αὐτῷ ψεύσασθαι, περὶ τοῦ δεδωκέναι τὸ ἀργύριον, ἀλλὰ καὶ κεκομίσθαι φησί· καίτοι πῶς εἰκός ἐστι τότε μὲν ἡμᾶς τοιαῦτα ἐξαμαρτάνειν οἷα κατηγόρηκεν οὗτος, ἀποστερῆσαι βουλομένους τὰς τριακοσίας δραχμάς, ἐπειδὴ δὲ ἀπεμαχεσάμεθα, τηνικαῦτα ἀποδοῦναι τὸ ἀργύριον αὐτῷ, μήτε ἀφειμένους τῶν ἐγκλημάτων μήτε ἀνάγκης ἡμῖν μηδεμιᾶς γενομένης; [26] ἀλλὰ γάρ, ὦ βουλή, πάντα αὐτῷ ταῦτα σύγκειται καὶ μεμηχάνηται, καὶ δοῦναι μέν φησιν, ἵνα μὴ δοκῇ δεινὰ ποιεῖν, εἰ μηδενὸς αὐτῷ συμβολαίου γεγενημένου τοιαῦτα ἐτόλμα ὑβρίζειν τὸ μειράκιον, ἀπειληφέναι δὲ προσποιεῖται, διότι φανερός ἐστιν ἐγκαλέσας οὐδέποτ' ἀργύριον οὐδὲ μνείαν περὶ τούτου οὐδεμίαν ποιησάμενος.

[27] φησὶ δ' ἐπὶ ταῖς αὐτοῦ θύραις ὑπ' ἐμοῦ δεινῶς διατεθῆναι τυπτόμενος. φαίνεται δὲ πλεῖν ἢ τέτταρα στάδια

ἀπὸ τῆς οἰκίας διώξας τὸ μειράκιον οὐδὲν κακὸν ἔχων, καὶ ταῦτα πλεῖν ἢ διακοσίων ἰδόντων ἀνθρώπων ἔξαρνός ἐστι.

[28] λέγει δ' ὡς ἡμεῖς ἤλθομεν ἐπὶ τὴν οἰκίαν τὴν τούτου ὄστρακον ἔχοντες, καὶ ὡς ἠπείλουν αὐτῷ ἐγὼ ἀποκτενεῖν, καὶ ὡς τοῦτό ἐστιν ἡ πρόνοια. ἐγὼ δ' ἡγοῦμαι, ὦ βουλή, ῥᾴδιον εἶναι γνῶναι ὅτι ψεύδεται, οὐ μόνον ὑμῖν τοῖς εἰωθόσι σκοπεῖσθαι περὶ τῶν τοιούτων, ἀλλὰ καὶ τοῖς ἄλλοις ἅπασι. [29] τῷ γὰρ ἂν δόξειε πιστὸν ὡς ἐγὼ προνοηθεὶς καὶ ἐπιβουλεύων ἦλθον ἐπὶ τὴν Σίμωνος οἰκίαν μεθ' ἡμέραν, μετὰ τοῦ μειρακίου, τοσούτων ἀνθρώπων παρ' αὐτῷ συνειλεγμένων, εἰ μὴ εἰς τοῦτο μανίας ἀφικόμην ὥστε ἐπιθυμεῖν εἷς ὢν πολλοῖς μάχεσθαι, ἄλλως τε καὶ εἰδὼς ὅτι ἀσμένως ἄν με εἶδεν ἐπὶ ταῖς θύραις ταῖς αὑτοῦ, ὃς καὶ ἐπὶ τὴν ἐμὴν οἰκίαν φοιτῶν εἰσῄει βίᾳ, καὶ οὔτε τῆς ἀδελφῆς οὔτε τῶν ἀδελφιδῶν φροντίσας ζητεῖν με ἐτόλμα, καὶ ἐξευρὼν οὗ δειπνῶν ἐτύγχανον, ἐκκαλέσας ἔτυπτέ με; [30] καὶ τότε μὲν ἄρα, ἵνα μὴ περιβόητος εἴην, ἡσυχίαν ἦγον, συμφορὰν ἐμαυτοῦ νομίζων τὴν τούτου πονηρίαν· ἐπειδὴ δὲ χρόνος διεγένετο, πάλιν, ὡς οὗτός φησιν, ἐπεθύμησα περιβόητος γενέσθαι; [31] καὶ εἰ μὲν ἦν παρὰ τούτῳ τὸ μειράκιον, εἶχεν ἄν τινα λόγον τὸ ψεῦδος αὐτῷ ὡς ἐγὼ διὰ τὴν ἐπιθυμίαν ἠναγκαζόμην ἀνοητότερόν τι ποιεῖν τῶν εἰκότων· νῦν δὲ τούτῳ μὲν οὐδὲ διελέγετο, ἀλλ' ἐμίσει πάντων ἀνθρώπων μάλιστα, παρ' ἐμοὶ δ' ἐτύγχανε διαιτώμενον. [32] ὥστε τῷ ὑμῶν πιστὸν ὡς ἐγὼ πρότερον μὲν ἐξέπλευσα ἐκ τῆς πόλεως ἔχων τὸ μειράκιον, ἵνα μὴ τούτῳ μαχοίμην, ἐπειδὴ δὲ ἀφικόμην πάλιν, ἦγον αὐτὸν ἐπὶ τὴν οἰκίαν τὴν Σίμωνος, οὗ πλεῖστα ἔμελλον πράγματα ἕξειν; [33] καὶ ἐπεβούλευον μὲν αὐτῷ, οὕτω δὲ ἦλθον ἀπαράσκευος, ὥστε μήτε φίλους μήτ' οἰκέτας μήτε ἄλλον ἄνθρωπον παρακαλέσαι μηδένα, εἰ μὴ τοῦτό γε τὸ παιδίον, ὃ ἐπικουρῆσαι μέν μοι οὐκ ἂν ἐδύνατο, μηνῦσαι δὲ ἱκανὸν ἦν βασανιζόμενον, εἴ τι ἐγὼ ἐξημάρτανον; [34] ἀλλ' εἰς τοσοῦτο ἀμαθίας ἀφικόμην, ὥστε ἐπιβουλεύων Σίμωνι οὐκ ἐτήρησα αὐτὸν οὗ μόνον οἷόν τ' ἦν λαβεῖν, ἢ νύκτωρ ἢ μεθ' ἡμέραν, ἀλλ' ἐνταῦθα ἦλθον οὗ αὐτὸς ἔμελλον ὑπὸ πλείστων ὀφθήσεσθαί τε καὶ συγκοπήσεσθαι, ὥσπερ κατ' ἐμαυτοῦ τὴν πρόνοιαν ἐξευρίσκων, ἵν' ὡς μάλιστα ὑπὸ τῶν ἐχθρῶν ὑβρισθείην;

[35] ἔτι τοίνυν, ὦ βουλή, καὶ ἐκ τῆς μάχης τῆς γενομένης ῥᾴδιον γνῶναι ὅτι ψεύδεται. τὸ γὰρ μειράκιον ὡς ἔγνω, ῥῖψαν

θοἰμάτιον, φεῦγον ᾤχετο, οὗτοι δὲ αὐτὸν ἐπεδίωκον, ἐγὼ δὲ ἑτέραν ἀπελθὼν ὁδὸν ᾠχόμην. [36] καίτοι ποτέρους χρὴ αἰτίους τῶν γεγενημένων εἶναι νομίζειν, τοὺς φεύγοντας ἢ τοὺς ζητοῦντας καταλαβεῖν; ἐγὼ μὲν γὰρ ἡγοῦμαι πᾶσιν εἶναι δῆλον ὅτι φεύγουσι μὲν οἱ περὶ αὑτῶν δεδιότες, διώκουσι δὲ οἱ βουλόμενοί τι ποιῆσαι κακόν. [37] οὐ τοίνυν ταῦτα εἰκότα, ἄλλως δὲ περὶ αὐτῶν πέπρακται, ἀλλὰ καταλαβόντες τὸ μειράκιον ἐκ τῆς ὁδοῦ ἦγον βίᾳ, ἐντυχὼν δ' ἐγὼ τούτων μὲν οὐχ ἡπτόμην, τοῦ μειρακίου δ' ἐπελαμβανόμην· οὗτοι δὲ ἐκεῖνόν τε ἦγον βίᾳ καὶ ἐμὲ ἔτυπτον. καὶ ταῦθ' ὑμῖν ὑπὸ τῶν παραγενομένων μεμαρτύρηται. ὥστε δεινὸν εἰ περὶ τούτων ἐγὼ δόξω προνοηθῆναι, περὶ ὧν οὗτοι τυγχάνουσιν οὕτω δεινὰ καὶ παράνομα πεποιηκότες. [38] τί δ' ἄν ποτε ἔπαθον, εἰ τἀναντία τῶν νῦν γεγενημένων ἦν, εἰ πολλοὺς ἔχων τῶν ἐπιτηδείων ἐγώ, ἀπαντήσας Σίμωνι, ἐμαχόμην αὐτῷ καὶ ἔτυπτον αὐτὸν καὶ ἐδίωκον καὶ καταλαβὼν ἄγειν βίᾳ ἐζήτουν, ὅπου νῦν τούτου ταῦτα πεποιηκότος ἐγὼ εἰς τοιοῦτον ἀγῶνα καθέστηκα, ἐν ᾧ καὶ περὶ τῆς πατρίδος καὶ τῆς οὐσίας τῆς ἐμαυτοῦ ἁπάσης κινδυνεύω; [39] τὸ δὲ μέγιστον καὶ περιφανέστατον πάντων· ὁ γὰρ ἀδικηθεὶς καὶ ἐπιβουλευθεὶς ὑπ' ἐμοῦ, ὥς φησιν, οὐκ ἐτόλμησε τεττάρων ἐτῶν ἐπισκήψασθαι εἰς ὑμᾶς. καὶ οἱ μὲν ἄλλοι, ὅταν ἐρῶσι καὶ ἀποστερῶνται ὧν ἐπιθυμοῦσι καὶ συγκοπῶσιν, ὀργιζόμενοι παραχρῆμα τιμωρεῖσθαι ζητοῦσιν, οὗτος δὲ χρόνοις ὕστερον.

[40] ὅτι μὲν οὖν, ὦ βουλή, οὐδενὸς αἴτιός εἰμι τῶν γεγενημένων, ἱκανῶς ἀποδεδεῖχθαι νομίζω· οὕτω δὲ διάκειμαι πρὸς τὰς ἐκ τῶν τοιούτων πραγμάτων διαφοράς, ὥστε καὶ ἄλλα πολλὰ ὑβρισμένος ὑπὸ Σίμωνος καὶ καταγεὶς τὴν κεφαλὴν ὑπ' αὐτοῦ οὐκ ἐτόλμησα αὐτῷ ἐπισκήψασθαι, ἡγούμενος δεινὸν εἶναι, εἰ ἄρα περὶ παιδικῶν ἐφιλονικήσαμεν ἡμεῖς πρὸς ἀλλήλους, τούτου ἕνεκα ἐξελάσαι τινὰς ζητῆσαι ἐκ τῆς πατρίδος. [41] ἔπειτα δὲ καὶ οὐδεμίαν ἡγούμην πρόνοιαν εἶναι τραύματος ὅστις μὴ ἀποκτεῖναι βουλόμενος ἔτρωσε. τίς γὰρ οὕτως ἐστὶν εὐήθης, ὅστις ἐκ πολλοῦ προνοεῖται ὅπως ἕλκος τις αὐτοῦ τῶν ἐχθρῶν λήψεται; [42] ἀλλὰ δῆλον ὅτι καὶ οἱ τοὺς νόμους ἐνθάδε θέντες, οὐκ εἴ τινες μαχεσάμενοι ἔτυχον ἀλλήλων κατάξαντες τὰς κεφαλάς, ἐπὶ τούτοις ἠξίωσαν τῆς πατρίδος φυγὴν ποιήσασθαι· ἦ πολλοὺς γ' ἂν ἐξήλασαν· ἀλλ' ὅσοι ἐπιβουλεύσαντες

ἀποκτεῖναί τινας ἔτρωσαν, ἀποκτεῖναι δὲ οὐκ ἐδυνήθησαν, περὶ τῶν τοιούτων τὰς τιμωρίας οὕτω μεγάλας κατεστήσαντο, ἡγούμενοι, ὑπὲρ ὧν ἐβούλευσαν καὶ προὐνοήθησαν, ὑπὲρ τούτων προσήκειν αὐτοῖς δίκην δοῦναι· εἰ δὲ μὴ κατέσχον, οὐδὲν ἧττον τό γ᾽ ἐπ᾽ ἐκείνοις πεποιῆσθαι. [43] καὶ ταῦτα ἤδη καὶ πρότερον πολλάκις ὑμεῖς οὕτω διέγνωτε περὶ τῆς προνοίας. καὶ γὰρ δεινὸν ἂν εἴη, εἰ ὅσοι ἐκ μέθης καὶ φιλονικίας ἢ ἐκ παιδιῶν ἢ ἐκ λοιδορίας ἢ περὶ ἑταίρας μαχόμενοι ἕλκος ἔλαβον, εἰ ὑπὲρ τούτων ὧν, ἐπειδὰν βέλτιον φρονήσωσιν, ἅπασι μεταμέλει, οὕτως [καὶ] ὑμεῖς μεγάλας καὶ δεινὰς τὰς τιμωρίας ποιήσεσθε, ὥστε ἐξελαύνειν τινὰς τῶν πολιτῶν ἐκ τῆς πατρίδος.

[44] θαυμάζω δὲ μάλιστα τούτου τῆς διανοίας. οὐ γὰρ τοῦ αὐτοῦ μοι δοκεῖ εἶναι ἐρᾶν τε καὶ συκοφαντεῖν, ἀλλὰ τὸ μὲν τῶν εὐηθεστέρων, τὸ δὲ τῶν πανουργοτάτων. ἐβουλόμην δ᾽ ἂν ἐξεῖναί μοι παρ᾽ ὑμῖν καὶ ἐκ τῶν ἄλλων ἐπιδεῖξαι τὴν τούτου πονηρίαν, ἵνα ἠπίστασθε ὅτι πολὺ ἂν δικαιότερον αὐτὸς περὶ θανάτου ἠγωνίζετο ἢ ἑτέρους ὑπὲρ τῆς πατρίδος εἰς κίνδυνον καθίστη. [45] τὰ μὲν οὖν ἄλλα ἐάσω· ὃ δ᾽ ἡγοῦμαι ὑμῖν προσήκειν ἀκοῦσαι καὶ τεκμήριον ἔσεσθαι τῆς τούτου θρασύτητος καὶ τόλμης, περὶ τούτου μνησθήσομαι. ἐν Κορίνθῳ γάρ, ἐπειδὴ ὕστερον ἦλθε τῆς πρὸς τοὺς πολεμίους μάχης καὶ τῆς εἰς Κορώνειαν στρατείας, ἐμάχετο τῷ ταξιάρχῳ Λάχητι καὶ ἔτυπτεν αὐτόν, καὶ πανστρατιᾷ τῶν πολιτῶν ἐξελθόντων, δόξας ἀκοσμότατος εἶναι καὶ πονηρότατος, μόνος Ἀθηναίων ὑπὸ τῶν στρατηγῶν ἐξεκηρύχθη.

[46] ἔχοιμι δ᾽ ἂν καὶ ἄλλα πολλὰ εἰπεῖν περὶ τούτου, ἀλλ᾽ ἐπειδὴ παρ᾽ ὑμῖν οὐ νόμιμόν ἐστιν ἔξω τοῦ πράγματος λέγειν, ἐκεῖνο ἐνθυμεῖσθε· οὗτοί εἰσιν οἱ βίᾳ εἰς τὴν ἡμετέραν οἰκίαν εἰσιόντες, οὗτοι οἱ διώκοντες, οὗτοι οἱ βίᾳ ἐκ τῆς ὁδοῦ συναρπάζοντες ἡμᾶς. [47] ὧν ὑμεῖς μεμνημένοι τὰ δίκαια ψηφίζεσθε, καὶ μὴ περιίδητε ἐκ τῆς πατρίδος ἀδίκως ἐκπεσόντα, ὑπὲρ ἧς ἐγὼ πολλοὺς κινδύνους κεκινδύνευκα καὶ πολλὰς λῃτουργίας λελῃτούργηκα, καὶ κακοῦ μὲν αὐτῇ οὐδενὸς αἴτιος γεγένημαι, οὐδὲ τῶν ἐμῶν προγόνων οὐδείς, ἀγαθῶν δὲ

πολλῶν· [48] ὥστε δικαίως ἂν ὑφ' ὑμῶν καὶ ὑπὸ τῶν ἄλλων ἐλεηθείην, οὐ μόνον εἴ τι πάθοιμι ὧν Σίμων βούλεται, ἀλλὰ καὶ ὅτι ἠναγκάσθην ἐκ τοιούτων πραγμάτων εἰς τοιούτους ἀγῶνας καταστῆναι.

Commentary on Lysias 3
Defense Against Simon

[3.1]

Σίμωνι] Dative of disadvantage (S. 1481).

ὑπὲρ τούτων] Amplifies and extends the sense of ὑπὲρ ὧν αὐτὸν ἔδει δοῦναι δίκην.

ὡς ἀδικούμενον] = "as if he had been wronged". ὡς with a participle can express the cause for an action as perceived by the subject of the sentence (S. 2086).

ποιήσασθαι and ἐλθεῖν] Infinitives in a clause of natural result with ὥστε (S.2258).

[3.2]

ἐφοβούμην] Imperfect indicative in apodosis of a present contrafactual condition (S. 2303-2304).

ἐνίοτε] Adverb = "sometimes".

ἀποβαίνειν] Infinitive in a clause of natural result with ὥστε, as above in 3.1.

τῶν δικαίων] Genitive with τεύξεσθαι. τυγχάνω in this context means "to meet with, obtain".

[3.3]

αἰσχυνόμενος] Circumstantial participle.

συνείσεσθαι] Future middle infinitive of σύνοιδα governed by μέλλοιεν (S. 1959).

ἠνεσχόμην] From ἀνέχω, "bear or endure with patience" (LSJ *s.v.* ἀνέχω C.2).

ἀδικούμενος] Concessive participle.

[3.4]

μηδεμιᾶς συγγνώμης] Genitive with τυγχάνειν, as above with τῶν δικαίων in 3.2.

ἀποδείξω and φαίνωμαι] Present subjunctives in the protasis of a present general condition.

ἔνοχος] + dative = "guilty, liable for".

ἐπιθυμῆσαι] Complementary infinitive governed by ἔνεστιν.

ἔνεστιν] Impersonal construction, "it is present, it exists". ἔνειμι takes a dative showing the person involved and the infinitive showing the action (LSJ *s.v.* ἔνειμι II).

οἷς ἅπασιν] Dative neuter plural; dative of respect (S. 1516).
οὑτοσί] The iota added to the end of the word is emphatic (S. 1240, 333g).

[3.5]
ἐγὼ μὲν εὖ ποιῶν . ... οὗτος δὲ ὑβρίζων καὶ παρανομῶν] Note the balanced structure, drawing a contrast between Simon and the speaker. This continues in the next sentence with ὅσα μὲν οὖν ... ὅσα δὲ ... .
ᾤετο] Imperfect of οἴομαι.

[3.6]
πυθόμενος, ἐλθών, μεθύων, ἐκκόψας] Note how Lysias uses this sequence of circumstantial participles to concisely establish the setting for Simon's actions.
νύκτωρ] Adverb. "At night".
αἰσχύνεσθαι] Clause of natural result with ὥστε, as above in 3.1 & 2.

[3.7]
πρότερον] Anticipates πρὶν ... ἐξήλασαν.
ἠθέλησεν] A finite verb in a clause introduced by ὥστε indicates the actual result of the action of the leading verb (S. 2273-2274).
ποιεῖν] Infinitive in indirect discourse introduced by ἡγούμενοι (S. 2018, 2580).
ἡγούμενοι and εἰσιόντα] Note the continued use of circumstantial participles to vividly describe Simon's actions.
οἱ παραγενόμενοι and οἱ ἐλθόντες] These are attributive participles used as the subject of ἐξήλασαν (S. 2049).
εἰδείη] From οἶδα.
τὴν τούτου μανίαν] τούτου = Simon.

[3.8]
ἐκστὰς] Aorist participle from ἐξίστημι. "Standing out of reach" (C. 99).

[3.9]
τῇ συμφορᾷ] αἰσχύνομαι takes a dative to express the thing about which a person is ashamed (S. 1595b).
ᾑρούμην] From αἱρέω.
λαβεῖν and δόξαι] These infinitives are governed by ᾑρούμην; αἱρέω with an infinitive means "prefer to" (LSJ s.v. αἱρέω B.II).
εἶναι] Infinitive governed by δόξαι.
εἰδώς] Concessive participle (S. 2066).
ἐμοῦ] καταγελάω can take a genitive showing the person being derided.
τῶν ... εἰθισμένων] Genitive of explanation with πολλοί (S. 1322).

[3.10]
ᾠχόμην] From οἴχομαι, "to depart".
ᾤμην] From οἴομαι, "suppose, think".

ἱκανὸν εἶναι τὸν χρόνον Σίμωνι ἐπιλαθέσθαι] ἱκανός can take a dative showing the person or thing involved.

μεταμελῆσαι] Infinitive in parallel construction with ἐπιλαθέσθαι.

[3.11]

ᾠχόμην] = see above on 3.10.

εἰσαρπάσειαν] Optative in a purpose clause introduced by ἵνα governed by a verb in secondary sequence (κατέστησαν) (S. 2196).

[3.12]

ὡς τὸν Λυσίμαχον] ὡς + a person in the accusative = the preposition "to" (S. 3003).

ὀλίγον δὲ χρόνον] Accusative showing extent of time (S. 1582).

οὑτοσὶ] The iota again adds emphasis, as above in 3.4.

[3.13]

ἐκεῖνον] I.e., the boy.

ἀποτρέψεσθαι] Infinitive in indirect discourse governed by ἡγούμενος. τούτους is the subject, αἰσχυνομένους is a circumstantial participle.

[3.14]

Ἵνα] is an adverb of place, "In the place where Simon says ... "

κατεάγη] From κατάγνυμι.

[3.15]

οὐκ ἐγὼ τούτῳ] Read ἐπιβουλεύσας a second time with this phrase.

βίᾳ] Dative of manner.

[3.16]

εἶναι] Infinitive in indirect discourse introduced by φασκόντων.

τῶν μὲν λεγομένων] At this point, the sentence shifts focus from the crowd's actions to the actions of Simon and his companions.

ἐπαμύνειν] Infinitive governed by ἐπιχειροῦντας.

συνέκοψαν] The subject is still Simon and his companions.

[3.17]

αὐτοῖς] Dative with ἐντυγχάνω. The preposition ἐν in the compound verb takes the dative (S. 1545).

[3.18]

μάχης δὲ γενομένης, τοῦ μειρακίου βάλλοντος αὐτοὺς] These genitive absolutes (along with the others that follow in this sentence) are intended to give a vivid sense of the confusion and the simultaneous action on both sides during the fight. Compare the use of participles in 3.6 and above in 3.16 (See C. 100-101).

ὑπὸ τῆς μέθης] = "because of their drunkenness".

[3.19]

ἐπειδὴ τάχιστα] = "as soon as".

οὐχ ὡς ἀδικούμενοι ἀλλ' ὡς δεινὰ πεποιηκότες] ὡς with the participle expresses the cause of the action as expressed by the subject of the sentence, as above in 3.1 (S. 2086).

ἐνεκάλεσεν] A term for summoning someone into court.

[3.20]

ὁ πάντων τῶν κακῶν αἴτιος γενόμενος] An emphatic phrase amplifying Σίμων δ' οὑτοσί.

ἡσυχίαν ἦγε] = "to keep quiet" (LSJ s.v. ἄγω IV.3).

ᾔσθετο] From αἰσθάνομαι.

[3.21]

ἐβουλόμην δ' ἄν] This phrase expresses a wish that cannot be fulfilled (S. 1789).

τὴν αὐτὴν γνώμην] This is a common sentiment in Lysias. See, for example, 1.1, 1.36, 1.47, 24.14, and 24.21.

ἔγνωτε] Aorist indicative in a purpose clause. The indicative is used because the clause depends on the unfulfilled wish expressed with ἐβουλόμην δ' ἄν (S. 2185c, C. 102, Sc. 20).

αὐτῷ οὐδὲν μέλει τῶν ὅρκων ὧν ...] The third person singular of μέλω can take a genitive showing the object of concern and the dative showing the person concerned (S. 1467).

[3.22]

ὡς πλείστους] = "as many as possible" ὡς + a superlative strengthens the force of the superlative (S. 1086).

[3.23]

τοιοῦτον] I.e., summoning witnesses about his arrangement with Theodotus.

νύκτωρ] Adverb = "at night".

[3.24]

πεντήκοντα καὶ διακοσίων δραχμῶν] Genitive of value. πεντήκοντα does not decline (S. 1336 for the genitive of value, S. 350 for a discussion of numbers).

ἐτιμήσατο] "Valued, assessed". Perhaps for purposes of taxation (Sc. 21, C. 104).

ὧν] This relative pronoun is comparative with πλειόνων.

τυγχάνει κεκτημένος] τυγχάνω + a supplementary participle = "to happen to be doing something" (S. 2096).

[3.25]

ἐξαρκεῖ] Clause of actual result with ὥστε, as above in 3.7.

τοῦ δεδωκέναι τὸ ἀργύριον] This phrase specifies what is meant by περὶ τούτου in the previous clause. τοῦ δεδωκέναι is an articular infinitive; τὸ ἀργύριον is its object (S. 2025-2030).

ἀπεμαχεσάμεθα] = "to finish a fight" (LSJ s.v. ἀπομάχομαι IV).

ἀφειμένους τῶν ἐγκλημάτων] A legal term for releasing someone from liability. ἀφειμένους is from ἀφίημι; it takes a genitive of the thing released (C. 105).

[3.26]

εἰ] εἰ is the equivalent of ὅτι here (C. 105).

ἀπειληφέναι δὲ προσποιεῖται] Parallel construction with καὶ δοῦναι μέν φησιν above.

[3.27]

ὑπ' ἐμοῦ] Expressing the agent of the passive διατεθῆναι.

οὐδὲν κακὸν ἔχων] ἔχων is a circumstantial participle.

ἰδόντων] Aorist participle, from εἶδον.

[3.28]

ἠπείλουν] Imperfect from ἀπειλέω, "to threaten".

[3.29]

τῷ] = τίνι, an alternate declension of τίς, τίνος (S. 334).

φροντίσας] φροντίζω with a genitive means to "be concerned with".

[3.30]

εἴην] Optative in a negative purpose clause governed by a verb in secondary sequence (S. 2193-2196).

συμφορὰν ἐμαυτοῦ] Object in a predicate sentence introduced by νομίζων, εἶναι is omitted (S. 944).

τὴν τούτου πονηρίαν] Subject of the predicate sentence introduced by νομίζων.

[3.31]

εἶχεν ἄν] Imperfect indicative + ἄν in the apodosis of a past contrafactual condition.

τῶν εἰκότων] Genitive of comparison with ἀνοητότερόν.

τούτῳ] I.e., Simon.

διελέγετο, ἐμίσει and ἐτύγχανε] τὸ μειράκιον is the subject of these three verbs.

πάντων ἀνθρώπων] Partitive genitive with μάλιστα. "He hated him most of all men" (LSJ s.v. μάλα III).

διαιτώμενον] From διαιτάω, "to spend time, live with".

[3.32]

τῷ] = τίνι, as above in 3.29.

οὗ] Note the frequent use of the relative pronoun as a genitive of place in the next several sections.

[3.33]

παρακαλέσαι] Infinitive in a result clause showing the natural result rather than the actual result of the action (S. 2258).

μηνῦσαι δὲ ἱκανὸν] ἱκανός takes an infinitive showing what a person is capable of doing (S. 2001-2002).

ἱκανὸν ἦν] This is the apodosis of a past contrafactual sentence. ἄν can be omitted with verbs of obligation, possibility, or propriety (S. 2313, Sc. 23 and 21).

[3.34]
    οὐ μόνον ... and οὐ αὐτὸς ...] See οὐ above on 3.32.
    ὡς μάλιστα] See ὡς πλείστους above on 3.22.
[3.35]
    ὡς ἔγνω] ἔγνω is a third person singular aorist indicative active from γιγνώσκω. ὡς is used here in a temporal sense.
    θοἰμάτιον] = Crasis for τὸ ἱμάτιον (S.62-69).
[3.37]
    περὶ αὐτῶν] αὐτῶν is neuter plural; i.e., the likely events that didn't go as the speaker had planned.
    ὥστε δεινὸν] Supply ἐστι.
    πεποιηκότες] Supplementary participle with τυγχάνουσιν, as above on 3.24.
[3.38]
    τί δ' ἂν ποτε ἔπαθον] Apodosis of a past contrafactual condition.
    τούτου ταῦτα πεποιηκότος] Circumstantial genitive absolute; τούτου refers to Simon.
[3.39]
    τεττάρων ἐτῶν] Genitive of time within which (S. 1444).
    ὡς φησιν] An important qualification since the speaker obviously does not believe he is guilty.
    ἀποστερῶνται ὧν ἐπιθυμοῦσι καὶ συγκοπῶσιν] Read ὧν ἐπιθυμοῦσι with ἀποστερῶνται, καὶ συγκοπῶσιν follows after the relative clause.
    οὗτος δὲ χρόνοις ὕστερον] Read τιμωρεῖσθαι ζητοῦσιν a second time with this phrase.
[3.40]
    ὥστε ... οὐκ ἐτόλμησα] A result clause with the indicative describes the actual result of the action of the main verb (S. 2274).
    καταγεὶς] Aorist passive participle of κατάγνυμι.
    ἐξελάσαι] Infinitive governed by ζητῆσαι.
    ζητῆσαι] Infinitive in indirect discourse introduced by ἡγούμενος above.
[3.41]
    πρόνοιαν ... τραύματος] "Premeditating the wound". τραύματος is an objective genitive (S. 1331-1335, Sc. 25).
    ἀποκτεῖναι] Complementary infinitive with βουλόμενος.
    ἐκ πολλοῦ] = "for a long time".
    αὐτοῦ] Genitive of possession with τῶν ἐχθρῶν.
[3.42]
    οὐκ] Negates ἠξίωσαν.
    ἂν ἐξήλασαν] The indicative with ἂν shows the contrafactual nature of the assertion.
    ὑπὲρ ὧν ἐβούλεσαν ...] Coordinates with ὑπὲρ τούτων προσήκειν

αὐτοῖς ... in the next clause.
προσήκειν] Infinitive in indirect discourse introduced by ἡγούμενοι.
δοῦναι] Complementary infinitive governed by προσήκειν.
τό γ' ἐπ' ἐκείνοις] τό γ' ἐπ' ἐκείνοις is an adverbial accusative = "As far as they were able" (LSJ *s.v.* ἐπί B.I.g)
πεποιῆσθαι] Infinitive in continuing indirect discourse introduced by ἡγούμενοι above (Sc. 25).

[3.43]
φρονήσωσιν] Aorist subjunctive with ἐπειδάν in a temporal clause referring to the future corresponding to a future more vivid condition (S. 2401).
ἅπασι μεταμέλει] μεταμέλει takes a dative showing the person involved.
ἐξελαύνειν] The infinitive with ὥστε expresses the likely or intended result of an action (S. 2258).

[3.44]
τοῦ αὐτοῦ, τῶν εὐηθεστέρων, and **τῶν πανουργοτάτων**] Genitives of characteristic. I.e., "It does not seem to me to be characteristic of the same man to love and to litigate in court" etc.
τῶν ἄλλων] Neuter plural. I.e., Other deeds or events that reveal Simon's wickedness.

[3.45]
ἔσεσθαι] Future middle infinitive of εἰμί.
ὕστερον τῆς πρὸς τοὺς πολεμίους μάχης ...] ὕστερον + the genitive = "after" (LSJ *s.v.* ὕστερος A.II). Carey 111 notes "It was known in advance that fighting [at Corinth] would be fierce, and there was general nervousness; hence a coward might well arrive late."
ἐξεκηρύχθη] = "to exile someone with a proclamation".

[3.46]
ἔχοιμι] Potential optative (S. 1824).

[3.47]
αὐτῇ] = ἡ πατρίς.
ἀγαθῶν δὲ πολλῶν] Supply αἴτιος γεγένημαι a second time here.

[3.48]
πάθοιμι] Optative in the protasis of a future less vivid condition (S. 2329).

Lysias 4
On a Wound by Premeditation

[1] θαυμαστόν γε, ὦ βουλή, τὸ διαμάχεσθαι περὶ τούτου, ὡς οὐκ ἐγένοντο ἡμῖν διαλλαγαί, καὶ τὸ μὲν ζεῦγος καὶ τὰ ἀνδράποδα, καὶ ὅσα ἐξ ἀγροῦ κατὰ τὴν ἀντίδοσιν ἔλαβε, μὴ ἂν δύνασθαι ἀρνηθῆναι ὡς οὐκ ἀπέδωκε, φανερῶς δὲ περὶ πάντων διαλελυμένον ἀρνεῖσθαι τὰ περὶ τῆς ἀνθρώπου, μὴ κοινῇ ἡμᾶς χρῆσθαι συγχωρῆσαι. [2] καὶ τὴν μὲν ἀντίδοσιν δι' ἐκείνην φανερός ἐστι ποιησάμενος, τὴν δ' αἰτίαν δι' ἣν ἀπέδωκεν ἃ ἔλαβεν, οὐκ ἂν ἄλλην ἔχοι εἰπεῖν (βουλόμενος τἀληθῆ λέγειν) ἢ ὅτι οἱ φίλοι περὶ πάντων ἡμᾶς τούτων συνήλλαξαν. [3] ἐβουλόμην δ' ἂν μὴ ἀπολαχεῖν αὐτὸν κριτὴν Διονυσίοις, ἵν' ὑμῖν φανερὸς ἐγένετο ἐμοὶ διηλλαγμένος, κρίνας τὴν ἐμὴν φυλὴν νικᾶν· νῦν δὲ ἔγραψε μὲν ταῦτα εἰς τὸ γραμματεῖον, ἀπέλαχε δέ. [4] καὶ ὅτι ἀληθῆ ταῦτα λέγω, Φιλῖνος καὶ Διοκλῆς ἴσασιν· ἀλλ' οὐκ ἔστ' αὐτοῖς μαρτυρῆσαι μὴ διομοσαμένοις περὶ τῆς αἰτίας ἧς ἐγὼ φεύγω, ἐπεὶ σαφῶς ἔγνωτ' ἂν ὅτι ἡμεῖς ἦμεν αὐτὸν οἱ κριτὴν ἐμβαλόντες καὶ ἡμῶν ἕνεκα ἐκαθίζετο. ἀλλ' ἦν, εἰ βούλεται, ἐχθρός· [5] δίδωμι γὰρ αὐτῷ τοῦτο· οὐδὲν γὰρ διαφέρει. οὐκοῦν ἦλθον αὐτὸς αὐτὸν ἀποκτενῶν, ὡς οὗτός φησι, καὶ βίᾳ εἰς τὴν οἰκίαν εἰσῆλθον. διὰ τί οὖν οὐκ ἀπέκτεινα, ὑποχείριον λαβὼν τὸ σῶμα, καὶ τοσοῦτον κρατήσας ὥστε καὶ τὴν ἄνθρωπον λαβεῖν; φρασάτω πρὸς ὑμᾶς. ἀλλ' οὐκ ἔχει εἰπεῖν. [6] καὶ μὴν οὐδείς γε ὑμῶν ἀγνοεῖ ὅτι θᾶττον ἂν ἐγχειριδίῳ πληγεὶς ἀπέθανεν ἢ πὺξ παιόμενος. φαίνεται τοίνυν οὐδ' αὐτὸς αἰτιώμενος τοιοῦτόν τι ἔχοντας ἡμᾶς ἐλθεῖν, ἀλλ' ὀστράκῳ φησὶ πληγῆναι. καίτοι φανερὸν ἤδη ἐξ ὧν εἴρηκεν, ὅτι οὐ πρόνοια γεγένηται. [7] οὐ γὰρ ἂν οὕτως ἤλθομεν, ἀδήλου ὄντος εἰ παρὰ τούτῳ εὑρήσομεν ὄστρακον ἢ ὅτῳ αὐτὸν

ἀποκτενοῦμεν, ἀλλ' οἴκοθεν ἔχοντες ἂν ἐβαδίζομεν. νῦν δὲ ὁμολογούμεθα πρὸς παῖδας καὶ αὐλητρίδας καὶ μετ' οἴνου ἐλθόντες. ὥστε πῶς ταῦτ' ἐστὶ πρόνοια; ἐγὼ μὲν γὰρ οἶμαι οὐδαμῶς. [8] ἀλλ' οὗτος ἐναντίως τοῖς ἄλλοις δυσέρως ἐστι, καὶ ἀμφότερα βούλεται, τό τε ἀργύριον μὴ ἀποδοῦναι καὶ τὴν ἄνθρωπον ἔχειν. εἶτα ὑπὸ τῆς ἀνθρώπου παρωξυμμένος ὀξύχειρ λίαν καὶ πάροινός ἐστιν, ἀνάγκη δὲ ἀμύνασθαι. ἡ δὲ τοτὲ μὲν ἐμὲ περὶ πολλοῦ τοτὲ δὲ τοῦτόν φησι ποιεῖσθαι, βουλομένη ὑπ' ἀμφοτέρων ἐρᾶσθαι. [9] καὶ ἐγὼ μὲν καὶ ἐξ ἀρχῆς εὐκόλως εἶχον καὶ νῦν ἔτι ἔχω· ὁ δ' εἰς τοῦτο βαρυδαιμονίας ἥκει, ὥστε οὐκ αἰσχύνεται τραύματ' ὀνομάζων τὰ ὑπώπια καὶ ἐν κλίνῃ περιφερόμενος καὶ δεινῶς προσποιούμενος διακεῖσθαι ἕνεκα πόρνης ἀνθρώπου, ἣν ἔξεστιν αὐτῷ ἀναμφισβητήτως ἔχειν ἐμοὶ ἀποδόντι τἀργύριον. [10] καὶ φησὶ μὲν δεινῶς ἐπιβουλευθῆναι καὶ πρὸς ἅπανθ' ἡμῖν ἀμφισβητεῖ, ἐξὸν δ' ἐκ τῆς ἀνθρώπου βασανισθείσης τὸν ἔλεγχον ποιήσασθαι οὐκ ἠθέλησεν· ἣ πρῶτον μὲν τοῦτ' ἂν κατεῖπεν, πότερα κοινὴ ἡμῖν ἦν ἢ ἰδία τούτου, καὶ πότερα τὸ ἥμισυ τοῦ ἀργυρίου ἐγὼ συνεβαλόμην ἢ οὗτος ἅπαν ἔδωκε, καὶ εἰ διηλλαγμένοι ἢ ἔτι ἐχθροὶ ἦμεν, [11] ἔτι δὲ εἰ μεταπεμφθέντες ἤλθομεν ἢ οὐδενὸς καλέσαντος, καὶ εἰ οὗτος ἦρχε χειρῶν ἀδίκων ἢ ἐγὼ πρότερος τοῦτον ἐπάταξα. τούτων καθ' ἓν ἕκαστον καὶ τῶν ἄλλων οὐδὲν ἦν ὅ τι οὐ ῥᾴδιον τοῖς τε ἄλλοις ἐμφανὲς καὶ τούτοις ποιῆσαι.

[12] ὅτι μὲν οὖν οὔτε πρόνοια ἐγένετο οὔτε ἀδικῶ τοῦτον, ὦ βουλή, ἐκ τοσούτων τεκμηρίων καὶ μαρτυριῶν ὑμῖν ἐπιδέδεικται· ἀξιῶ δ' ὅσον ἂν ἐγένετο σημεῖον τούτῳ πρὸς τὸ δοκεῖν ἀληθῆ λέγειν φυγόντος ἐμοῦ τὴν βάσανον, τοσοῦτον ἐμοὶ τεκμήριον γενέσθαι ὅτι οὐ ψεύδομαι, διότι οὗτος οὐκ ἠθέλησεν ἐκ τῆς ἀνθρώπου ποιήσασθαι τὸν ἔλεγχον, καὶ μὴ τοσοῦτον ἰσχῦσαι τοὺς τούτου λόγους, ὅτι φησὶν αὐτὴν ἐλευθέραν εἶναι. ὁμοίως γὰρ προσήκει κἀμοὶ τῆς ἐλευθερίας, τὸ ἴσον καταθέντι ἀργύριον. [13] ἀλλὰ ψεύδεται καὶ οὐκ ἀληθῆ λέγει. ἦ δεινόν γε, εἰ εἰς μὲν λύσιν τοῦ σώματος [ἔδωκα τὸ ἀργύριον] ἐκ τῶν πολεμίων ἐξῆν ἄν μοι χρῆσθαι αὐτῇ ὅ τι ἐβουλόμην, κινδυνεύοντι δέ μοι περὶ τῆς πατρίδος οὐδὲ πυθέσθαι παρ' αὐτῆς τἀληθῆ ἐκγενήσεται περὶ ὧν εἰς τὴν κρίσιν καθέστηκα· καὶ μὲν δὴ πολὺ ἂν δικαιότερον ἐπὶ ταύτῃ τῇ αἰτίᾳ βασανισθείη ἢ ἐπὶ τῇ ἐκ τῶν πολεμίων λύσει πραθείη, ὅσῳ παρὰ μὲν ἐκείνων

βουλομένων ἀπολῦσαι ἔστι καὶ ἄλλοθεν εὐπορήσαντι κομισθῆναι, ἐπὶ δὲ τοῖς ἐχθροῖς γενόμενον οὐ δυνατόν· οὐ γὰρ ἀργύριον λαβεῖν προθυμοῦνται, ἀλλ' ἐκ τῆς πατρίδος ἐκβαλεῖν ἔργον ποιοῦνται. [14] ὥσθ' ὑμῖν προσήκει μὴ ἀποδέχεσθαι αὐτοῦ διὰ τοῦτο οὐκ ἀξιοῦντος βασανισθῆναι τὴν ἄνθρωπον, ὅτι αὑτὴν ἐλευθέραν ἐσκήπτετο εἶναι, ἀλλὰ πολὺ μᾶλλον συκοφαντίαν καταγιγνώσκειν, ὅτι παραλιπὼν ἔλεγχον οὕτως ἀκριβῆ ἐξαπατήσειν ὑμᾶς ῥᾳδίως ᾠήθη. [15] οὐ γὰρ δήπου τὴν γε τούτου πρόκλησιν πιστοτέραν ὑμᾶς νομίζειν δεῖ τῆς ἡμετέρας, ἐφ' οἷς αὐτοῦ οἰκέτας ἠξίου βασανίζεσθαι. ἃ μὲν γὰρ ἐκεῖνοι ᾔδεσαν, ἐλθόντας ἡμᾶς ὡς τοῦτον, καὶ ἡμεῖς ὁμολογοῦμεν· εἰ δὲ μεταπεμφθέντες ἢ μή, καὶ πότερον πρότερος ἐπλήγην ἢ ἐπάταξα, ἐκείνη μᾶλλον ἂν ᾔδει. [16] ἔτι δὲ τοὺς μὲν τούτου οἰκέτας ἰδίους ὄντας τούτου εἰ ἐβασανίζομεν, ἀνοήτως ἄν τι τούτῳ χαριζόμενοι καὶ παρὰ τὴν ἀλήθειαν ἐμοῦ κατεψεύσαντο· αὕτη δὲ ὑπῆρχε κοινή, ὁμοίως ἀμφοτέρων ἀργύριον κατατεθηκότων, καὶ μάλιστα ᾔδει· διὰ ⟨γὰρ⟩ ταύτην ἅπαντα τὰ πραχθέντα ἡμῖν γεγένηται· [17] καὶ οὐ λήσει οὐδέν· ὅτι ταύτης ἔγωγ' ἄνισον εἶχον βασανισθείσης, ἀλλ' ἀπεκινδύνευον τοῦτο· πολὺ γὰρ περὶ πλείονος τοῦτον ἢ ἐμὲ φαίνεται ποιησαμένη, καὶ μετὰ μὲν τούτου ἐμὲ ἠδικηκυῖα, μετ' ἐμοῦ δ' οὐδεπώποτε εἰς τοῦτον ἐξαμαρτοῦσα. ἀλλ' ὅμως ἐγὼ μὲν εἰς ταύτην κατέφυγον, οὗτος δὲ οὐκ ἐπίστευσεν αὐτῇ.

[18] οὔκουν δεῖ ὑμᾶς, ὦ βουλή, τηλικούτου ὄντος τοῦ κινδύνου, ῥᾳδίως ἀποδέχεσθαι τοὺς τούτου λόγους, ἀλλ' ἐνθυμουμένους ὅτι περὶ τῆς πατρίδος μοι καὶ τοῦ βίου ὁ ἀγών ἐστιν, ἐν ὑπολόγῳ ταύτας τὰς προκλήσεις ποιεῖσθαι. καὶ μὴ ζητεῖτε τούτων ἔτι μείζους πίστεις· οὐ γὰρ ἂν ἔχοιμι εἰπεῖν ἀλλ' ἢ ταύτας, ὡς οὐδὲν εἰς τοῦτον προὐνοήθην. [19] ἀγανακτῶ δ', ὦ βουλή, εἰ διὰ πόρνην καὶ δούλην ἄνθρωπον περὶ τῶν μεγίστων εἰς κίνδυνον καθέστηκα, τί κακὸν πώποτε τὴν πόλιν ἢ αὐτὸν τοῦτον εἰργασμένος, ἢ εἰς τίνα τῶν πολιτῶν ὁτιοῦν ἐξαμαρτών; οὐδὲν γὰρ ἔμοιγέ ἐστι τοιοῦτον πεπραγμένον, ἀλλ' ἀλογώτατον πάντων κινδυνεύω πολὺ μείζω συμφορὰν ἐμαυτῷ διὰ τούτους ἐπαγαγέσθαι. [20] πρὸς οὖν παίδων καὶ γυναικῶν καὶ θεῶν τῶν τόδε τὸ χωρίον ἐχόντων ἱκετεύω ὑμᾶς καὶ ἀντιβολῶ, ἐλεήσατέ με, καὶ μὴ περιίδητε ἐπὶ τούτῳ γενόμενον, μηδὲ ἀνηκέστῳ συμφορᾷ περιβάλητε· οὐ γὰρ ἄξιος οὔτ' ἐγὼ

φεύγειν τὴν ἐμαυτοῦ, οὔτε οὗτος τοσαύτην δίκην παρ' ἐμοῦ λαβεῖν ὑπὲρ ὧν φησιν ἠδικῆσθαι, οὐκ ἠδικημένος.

Commentary on Lysias 4
On a Wound by Premeditation

[4.1]
    τὸ διαμάχεσθαι] Articular infinitive, predicate of θαυμαστόν.
    τὸ μὲν ζεῦγος, καὶ τὰ ἀνδράποδα, καὶ ὅσα ...] These three accusatives are the object of ἀπέδωκε.
    φανερῶς δὲ περὶ πάντων διαλελυμένον] Concessive participial phrase. I.e., "although clearly we had made a resolution about everything".

[4.2]
    τὴν δ' αἰτίαν] Read with ἄλλην as the object of εἰπεῖν.

[4.3]
    ἐβουλόμην δ' ἄν] The indicative with ἄν shows the contrafactual nature of this assertion (S. 1786).
    ἀπολαχεῖν] "To be omitted by lot". Note also ἀπέλαχε δέ below.
    Διονυσίοις] Dative of time when. "At the time of the Dionysia" (S. 1541).
    νῦν] "Then" rather than "now." νῦν can be used to mark something that might have taken place in different circumstances (LSJ *s.v.* νῦν I.4).

[4.4]
    μὴ διομοσαμένοις] διομοσαμένοις is a causal participle (for the negative μὴ, see S. 2731).
    φεύγω] Here means "to defend oneself in a trial" (LSJ *s.v.* φεύγω IV.2).
    ἐπεὶ ... ἔγνωτ' ἄν] ἐπεί here is causal. The indicative with ἄν signals the contrafactual nature of this assertion, as above in 4.3 (S. 1786).
    ἀλλ' ἦν, εἰ βούλεται, ἐχθρός· δίδωμι γὰρ αὐτῷ τοῦτο· οὐδὲν γὰρ διαφέρει.] The speaker almost has to make this concession given the convoluted set of hypothetical situations he has presented to this point.

[4.5]
    φρασάτω] Third person singular aorist active imperative.

[4.6]
    πληγείς] Aorist passive participle from πλήττω.
    φαίνεται] φαίνω with a participle means "to be apparent doing something" not "to seem to do something" (LSJ *s.v.* φαίνω B.II).
    τι] I.e., an ἐγχειρίδιον.

[4.7]

ὅτῳ] From ὅστις (S. 339).
ἂν ἐβαδίζομεν] The indicative with ἄν again shows the contrafactual nature of the assertion, as in 4.3 & 4.
ὥστε πῶς] Emphatic.

[4.8]

τό τε ἀργύριον μὴ ἀποδοῦναι καὶ τὴν ἄνθρωπον ἔχειν] Explains what the speaker means by ἀμφότερα.
ὀξύχειρ] = "contentious, heavy handed".
ἡ δὲ] = ἡ = ἡ γυνή.
τοτὲ μὲν ἐμὲ ... τοτὲ δὲ τοῦτόν] Note the coordination of these two phrases.
περὶ πολλοῦ ... ποιεῖσθαι] = "to value highly" or "make a big deal". See the note on 1.1.

[4.9]

τὰ ὑπώπια] = "a black eye".
διακεῖσθαι] Infinitive governed by προσποιούμενος.
ἐμοὶ ἀποδόντι τἀργύριον] ἀποδόντι should be taken with αὐτῷ. ἐμοὶ is the indirect object of ἀποδόντι, ἀργύριον is the direct object.

[4.10]

ἐξόν] Concessive participle from ἔξεστι. "Although it is possible ...".
ἂν κατεῖπεν] See note on ἐβουλόμην δ' ἂν above (4.3).

[4.11]

οὐδενὸς καλέσαντος] Genitive absolute.
ἦρχε χειρῶν ἀδίκων] ἄρχω + the genitive = "to begin" or "be first" (LSJ s.v. ἄρχω I.1).
καθ' ἕν] "in turn".
τοῖς τε ἄλλοις ... καὶ τούτοις] τούτοις = her questioners, τοῖς ἄλλοις = people outside the courtroom.

[4.12]

πρὸς τὸ δοκεῖν ἀληθῆ λέγειν] τὸ δοκεῖν is an articular infinitive, λέγειν is its complement. "With regard to seeming to speak the truth".
φυγόντος] Conditional participle.
τοσοῦτον] Coordinates with ὅσον in the previous clause.
προσήκει κἀμοὶ τῆς ἐλευθερίας] Impersonal usage, with a genitive expressing the object of concern and a dative expressing the person involved.

[4.13]

χρῆσθαι αὐτῇ] χρῆσθαι takes a dative showing the person or thing being used.
πραθείη] Aorist optative passive from πιπράσκω.

ἔστι ... εὐπορήσαντι] In this passage, ἔστι = "it is possible" and εὐπορήσαντι is a dative of the possessor (S. 1476).

[4.14]
μὴ ἀποδέχεσθαι αὐτοῦ] = "not to accept his claim".
ὅτι ... εἶναι] Coordinates with διὰ τοῦτο above.
ᾠήθη] Aorist passive of οἴομαι.

[4.15]
τῆς ἡμετέρας] Genitive of comparison.
αὐτοῦ] Genitive of possession.
ᾔδεσαν] 3rd person plural pluperfect of οἶδα.
ὡς τοῦτον] ὡς + the accusative describing a person = "to" (S. 1702).

[4.16]
τούτῳ] I.e., the prosecutor.
κατεψεύσαντο] Aorist indicative in apodosis of a past contrafactual condition (S. 2298).

[4.17]
λήσει] Future from λανθάνω.
ταύτης βασανισθείσης] Conditional genitive absolute.
πολὺ περὶ πλείονος ... ποιησαμένη] See above note on περὶ πολλοῦ ... ποιεῖσθαι (4.8).
εἰς ταύτην κατέφυγον] I.e., for protection.

[4.18]
μοι] Dative of interest (S. 1471).
τούτων] Genitive of comparison.
οὐ γὰρ ἂν ἔχοιμι] Potential optative (S. 1824).
προὐνοήθην] From προνοέω.

[4.19]
ἀλογώτατον] Adverbial accusative.
ἐπαγαγέσθαι] Infinitive governed by κινδυνεύω.

[4.20]
ἐπὶ τούτῳ] I.e., in the power of my accuser.
τὴν ἐμαυτοῦ] τήν = τὴν πατρίδα.
λαβεῖν] Infinitive governed by οὐ γὰρ ἄξιος.
οὐκ ἠδικημένος] ἠδικημένος is a concessive participle. I.e., "although he has not been wronged".

Lysias 24
ON THE REFUSAL OF A PENSION

[1] οὐ πολλοῦ δέω χάριν ἔχειν, ὦ βουλή, τῷ κατηγόρῳ, ὅτι μοι παρεσκεύασε τὸν ἀγῶνα τουτονί. πρότερον γὰρ οὐκ ἔχων πρόφασιν ἐφ' ἧς τοῦ βίου λόγον δοίην, νυνὶ διὰ τοῦτον εἴληφα. καὶ πειράσομαι τῷ λόγῳ τοῦτον μὲν ἐπιδεῖξαι ψευδόμενον, ἐμαυτὸν δὲ βεβιωκότα μέχρι τῆσδε τῆς ἡμέρας ἐπαίνου μᾶλλον ἄξιον ἢ φθόνου· διὰ γὰρ οὐδὲν ἄλλο μοι δοκεῖ παρασκευάσαι τόνδε μοι τὸν κίνδυνον οὗτος ἢ διὰ φθόνον. [2] καίτοι ὅστις τούτοις φθονεῖ οὓς οἱ ἄλλοι ἐλεοῦσι, τίνος ἂν ὑμῖν ὁ τοιοῦτος ἀποσχέσθαι δοκεῖ πονηρίας; εἰ μὲν γὰρ ἕνεκα χρημάτων με συκοφαντεῖ— · εἰ δ' ὡς ἐχθρὸν ἑαυτοῦ με τιμωρεῖται, ψεύδεται· διὰ γὰρ τὴν πονηρίαν αὐτοῦ οὔτε φίλῳ οὔτε ἐχθρῷ πώποτε ἐχρησάμην αὐτῷ. [3] ἤδη τοίνυν, ὦ βουλή, δῆλός ἐστι φθονῶν, ὅτι τοιαύτῃ κεχρημένος συμφορᾷ τούτου βελτίων εἰμὶ πολίτης. καὶ γὰρ οἶμαι δεῖν, ὦ βουλή, τὰ τοῦ σώματος δυστυχήματα τοῖς τῆς ψυχῆς ἐπιτηδεύμασιν ἰᾶσθαι, [καλῶς]. εἰ γὰρ ἐξ ἴσου τῇ συμφορᾷ καὶ τὴν διάνοιαν ἕξω καὶ τὸν ἄλλον βίον διάξω, τί τούτου διοίσω;

[4] περὶ μὲν οὖν τούτων τοσαῦτά μοι εἰρήσθω· ὑπὲρ ὧν δέ μοι προσήκει λέγειν, ὡς ἂν οἷόν τε διὰ βραχυτάτων ἐρῶ. φησὶ γὰρ ὁ κατήγορος οὐ δικαίως με λαμβάνειν τὸ παρὰ τῆς πόλεως ἀργύριον· καὶ γὰρ τῷ σώματι δύνασθαι καὶ οὐκ εἶναι τῶν ἀδυνάτων, καὶ τέχνην ἐπίστασθαι τοιαύτην ὥστε καὶ ἄνευ τοῦ διδομένου τούτου ζῆν. [5] καὶ τεκμηρίοις χρῆται τῆς μὲν τοῦ σώματος ῥώμης, ὅτι ἐπὶ τοὺς ἵππους ἀναβαίνω, τῆς δ' ἐν τῇ τέχνῃ εὐπορίας, ὅτι δύναμαι συνεῖναι δυναμένοις ἀνθρώποις

ἀναλίσκειν. τὴν μὲν οὖν ἐκ τῆς τέχνης εὐπορίαν καὶ τὸν ἄλλον τὸν ἐμὸν βίον, οἷος τυγχάνει, πάντας ὑμᾶς οἶμαι γιγνώσκειν· ὅμως δὲ κἀγὼ διὰ βραχέων ἐρῶ. [6] ἐμοὶ γὰρ ὁ μὲν πατὴρ κατέλιπεν οὐδέν, τὴν δὲ μητέρα τελευτήσασαν πέπαυμαι τρέφων τρίτον ἔτος τουτί, παῖδες δέ μοι οὔπω εἰσὶν οἵ με θεραπεύσουσι. τέχνην δὲ κέκτημαι βραχέα δυναμένην ὠφελεῖν, ἣν αὐτὸς μὲν ἤδη χαλεπῶς ἐργάζομαι, τὸν διαδεξόμενον δ' αὐτὴν οὔπω δύναμαι κτήσασθαι. πρόσοδος δέ μοι οὐκ ἔστιν ἄλλη πλὴν ταύτης, ἣν ἂν ἀφέλησθέ με, κινδυνεύσαιμ' ἂν ὑπὸ τῇ δυσχερεστάτῃ γενέσθαι τύχῃ. [7] μὴ τοίνυν, ἐπειδή γε ἔστιν, ὦ βουλή, σῶσαί με δικαίως, ἀπολέσητε ἀδίκως· μηδὲ ἃ νεωτέρῳ καὶ μᾶλλον ἐρρωμένῳ ὄντι ἔδοτε, πρεσβύτερον καὶ ἀσθενέστερον γιγνόμενον ἀφέλησθε· μηδὲ πρότερον καὶ περὶ τοὺς οὐδὲν ἔχοντας κακὸν ἐλεημονέστατοι δοκοῦντες εἶναι νυνὶ διὰ τοῦτον τοὺς καὶ τοῖς ἐχθροῖς ἐλεινοὺς ὄντας ἀγρίως ἀποδέξησθε· μηδ' ἐμὲ τολμήσαντες ἀδικῆσαι καὶ τοὺς ἄλλους τοὺς ὁμοίως ἐμοὶ διακειμένους ἀθυμῆσαι ποιήσητε. [8] καὶ γὰρ ἂν ἄτοπον εἴη, ὦ βουλή, εἰ ὅτε μὲν ἁπλῆ μοι ἦν ἡ συμφορά, τότε μὲν φαινοίμην λαμβάνων τὸ ἀργύριον τοῦτο, νῦν δ' ἐπειδὴ καὶ γῆρας καὶ νόσοι καὶ τὰ τούτοις ἑπόμενα κακὰ προσγίγνεταί μοι, τότε ἀφαιρεθείην. [9] δοκεῖ δέ μοι τῆς πενίας τῆς ἐμῆς τὸ μέγεθος ὁ κατήγορος ἂν ἐπιδεῖξαι σαφέστατα μόνος ἀνθρώπων. εἰ γὰρ ἐγὼ κατασταθεὶς χορηγὸς τραγῳδοῖς προκαλεσαίμην αὐτὸν εἰς ἀντίδοσιν, δεκάκις ἂν ἕλοιτο χορηγῆσαι μᾶλλον ἢ ἀντιδοῦναι ἅπαξ. καὶ πῶς οὐ δεινόν ἐστι νῦν μὲν κατηγορεῖν ὡς διὰ πολλὴν εὐπορίαν ἐξ ἴσου δύναμαι συνεῖναι τοῖς πλουσιωτάτοις, εἰ δὲ ὧν ἐγὼ λέγω τύχοι τι γενόμενον, †τοιοῦτον εἶναι† καὶ ἔτι πονηρότερον;

[10] περὶ δὲ τῆς ἐμῆς ἱππικῆς, ἧς οὗτος ἐτόλμησε μνησθῆναι πρὸς ὑμᾶς, οὔτε τὴν τύχην δείσας οὔτε ὑμᾶς αἰσχυνθείς, οὐ πολὺς ὁ λόγος. ἐγὼ γάρ, ὦ βουλή, πάντας οἶμαι τοὺς ἔχοντάς τι δυστύχημα τοῦτο ζητεῖν καὶ τοῦτο φιλοσοφεῖν, ὅπως ὡς ἀλυπότατα μεταχειριοῦνται τὸ συμβεβηκὸς πάθος. ὧν εἷς ἐγώ, καὶ περιπεπτωκὼς τοιαύτῃ συμφορᾷ ταύτην ἐμαυτῷ ῥᾳστώνην ἐξηῦρον εἰς τὰς ὁδοὺς τὰς μακροτέρας τῶν ἀναγκαίων. [11] ὃ δὲ μέγιστον, ὦ βουλή, τεκμήριον ὅτι διὰ τὴν συμφορὰν ἀλλ' οὐ διὰ τὴν ὕβριν, ὡς οὗτός φησιν, ἐπὶ τοὺς ἵππους ἀναβαίνω [ῥᾴδιόν ἐστι μαθεῖν]· εἰ γὰρ ἐκεκτήμην οὐσίαν,

ἐπ' ἀστράβης ἂν ὠχούμην, ἀλλ' οὐκ ἐπὶ τοὺς ἀλλοτρίους ἵππους ἀνέβαινον· νυνὶ δ' ἐπειδὴ τοιοῦτον οὐ δύναμαι κτήσασθαι, τοῖς ἀλλοτρίοις ἵπποις ἀναγκάζομαι χρῆσθαι πολλάκις. [12] καίτοι πῶς οὐκ ἄτοπόν ἐστιν, ὦ βουλή, τοῦτον ἄν, εἰ μὲν ἐπ' ἀστράβης ὀχούμενον ἑώρα με, σιωπᾶν (τί γὰρ ἂν καὶ ἔλεγεν;), ὅτι δ' ἐπὶ τοὺς ᾐτημένους ἵππους ἀναβαίνω, πειρᾶσθαι πείθειν ὑμᾶς ὡς δυνατός εἰμι; καὶ ὅτι μὲν δυοῖν βακτηρίαιν χρῶμαι, τῶν ἄλλων μιᾷ χρωμένων, μὴ κατηγορεῖν ὡς καὶ τοῦτο τῶν δυναμένων ἐστίν· ὅτι δὲ ἐπὶ τοὺς ἵππους ἀναβαίνω, τεκμηρίῳ χρῆσθαι πρὸς ὑμᾶς ὡς εἰμὶ τῶν δυναμένων; οἷς ἐγὼ διὰ τὴν αὐτὴν αἰτίαν ἀμφοτέροις χρῶμαι.

[13] τοσοῦτον δὲ διενήνοχεν ἀναισχυντίᾳ τῶν ἁπάντων ἀνθρώπων, ὥστε ὑμᾶς πειρᾶται πείθειν, τοσούτους ὄντας εἷς ὤν, ὡς οὐκ εἰμὶ τῶν ἀδυνάτων ἐγώ. καίτοι εἰ τοῦτο πείσει τινὰς ὑμῶν, ὦ βουλή, τί με κωλύει κληροῦσθαι τῶν ἐννέα ἀρχόντων, καὶ ὑμᾶς ἐμοῦ μὲν ἀφελέσθαι τὸν ὀβολὸν ὡς ὑγιαίνοντος, τούτῳ δὲ ψηφίσασθαι ἐλεήσαντας ὡς ἀναπήρῳ; οὐ γὰρ δήπου τὸν αὐτὸν ὑμεῖς μὲν ὡς δυνάμενον ἀφαιρήσεσθε τὸ διδόμενον, οἱ δὲ ⟨θεσμοθέται⟩ ὡς ἀδύνατον ὄντα κληροῦσθαι κωλύσουσιν. [14] ἀλλὰ γὰρ οὔτε ὑμεῖς τούτῳ τὴν αὐτὴν ἔχετε γνώμην, οὔθ' οὗτος εὖ φρονεῖ. ὁ μὲν γὰρ ὥσπερ ἐπικλήρου τῆς συμφορᾶς οὔσης ἀμφισβητήσων ἥκει καὶ πειρᾶται πείθειν ὑμᾶς ὡς οὐκ εἰμὶ τοιοῦτος οἷον ὑμεῖς ὁρᾶτε πάντες· ὑμεῖς δὲ (ὃ τῶν εὖ φρονούντων ἔργον ἐστί) μᾶλλον πιστεύετε τοῖς ὑμετέροις αὐτῶν ὀφθαλμοῖς ἢ τοῖς τούτου λόγοις.

[15] λέγει δ' ὡς ὑβριστής εἰμι καὶ βίαιος καὶ λίαν ἀσελγῶς διακείμενος, ὥσπερ, εἰ φοβερῶς ὀνομάσειε, μέλλων ἀληθῆ λέγειν, ἀλλ' οὔκ, ἂν πάνυ πραόνως μηδὲ ψεύδηται, ταῦτα ποιήσων. ἐγὼ δ' ὑμᾶς, ὦ βουλή, σαφῶς οἶμαι δεῖν διαγιγνώσκειν οἷς τ' ἐγχωρεῖ τῶν ἀνθρώπων ὑβρισταῖς εἶναι καὶ οἷς οὐ προσήκει. [16] οὐ γὰρ ⟨τοὺς⟩ πενομένους καὶ λίαν ἀπόρως διακειμένους ὑβρίζειν εἰκός, ἀλλὰ τοὺς πολλῷ πλείω τῶν ἀναγκαίων κεκτημένους· οὐδὲ τοὺς ἀδυνάτους τοῖς σώμασιν ὄντας, ἀλλὰ τοὺς μάλιστα πιστεύοντας ταῖς αὑτῶν ῥώμαις· οὐδὲ τοὺς ἤδη προβεβηκότας τῇ ἡλικίᾳ, ἀλλὰ τοὺς ἔτι νέους καὶ νέαις ταῖς διανοίαις χρωμένους. [17] οἱ μὲν γὰρ πλούσιοι τοῖς χρήμασιν ἐξωνοῦνται τοὺς κινδύνους, οἱ δὲ πένητες ὑπὸ τῆς παρούσης ἀπορίας σωφρονεῖν ἀναγκάζονται· καὶ οἱ μὲν νέοι συγγνώμης

ἀξιοῦνται τυγχάνειν παρὰ τῶν πρεσβυτέρων, τοῖς δὲ πρεσβυτέροις ἐξαμαρτάνουσιν ὁμοίως ἐπιτιμῶσιν ἀμφότεροι· [18] καὶ τοῖς μὲν ἰσχυροῖς ἐγχωρεῖ μηδὲν αὐτοῖς πάσχουσιν, οὓς ἂν βουληθῶσιν, ὑβρίζειν, τοῖς δὲ ἀσθενέσιν οὐκ ἔστιν οὔτε ὑβριζομένοις ἀμύνεσθαι τοὺς ὑπάρξαντας οὔτε ὑβρίζειν βουλομένοις περιγίγνεσθαι τῶν ἀδικουμένων. ὥστε μοι δοκεῖ ὁ κατήγορος εἰπεῖν περὶ τῆς ἐμῆς ὕβρεως οὐ σπουδάζων, ἀλλὰ παίζων, οὐδ' ὑμᾶς πεῖσαι βουλόμενος ὡς εἰμὶ τοιοῦτος, ἀλλ' ἐμὲ κωμῳδεῖν βουλόμενος, ὥσπερ τι καλὸν ποιῶν.

[19] ἔτι δὲ καὶ συλλέγεσθαί φησιν ἀνθρώπους ὡς ἐμὲ πονηροὺς καὶ πολλούς, οἳ τὰ μὲν ἑαυτῶν ἀνηλώκασι, τοῖς δὲ τὰ σφέτερα σῴζειν βουλομένοις ἐπιβουλεύουσιν. ὑμεῖς δὲ ἐνθυμήθητε πάντες ὅτι ταῦτα λέγων οὐδὲν ἐμοῦ κατηγορεῖ μᾶλλον ἢ τῶν ἄλλων ὅσοι τέχνας ἔχουσιν οὐδὲ τῶν ὡς ἐμὲ εἰσιόντων μᾶλλον ἢ τῶν ὡς τοὺς ἄλλους δημιουργούς. [20] ἕκαστος γὰρ ὑμῶν εἴθισται προσφοιτᾶν ὁ μὲν πρὸς μυροπώλιον, ὁ δὲ πρὸς κουρεῖον, ὁ δὲ πρὸς σκυτοτομεῖον, ὁ δ' ὅποι ἂν τύχῃ, καὶ πλεῖστοι μὲν ὡς τοὺς ἐγγυτάτω τῆς ἀγορᾶς κατεσκευασμένους, ἐλάχιστοι δὲ ὡς τοὺς πλεῖστον ἀπέχοντας αὐτῆς· ὥστ' εἴ τις ὑμῶν πονηρίαν καταγνώσεται τῶν ὡς ἐμὲ εἰσιόντων, δῆλον ὅτι καὶ τῶν παρὰ τοῖς ἄλλοις διατριβόντων· εἰ δὲ κἀκείνων, ἁπάντων Ἀθηναίων· ἅπαντες γὰρ εἴθισθε προσφοιτᾶν καὶ διατρίβειν ἁμοῦ γέ που.

[21] ἀλλὰ γὰρ οὐκ οἶδ' ὅ τι δεῖ λίαν με ἀκριβῶς ἀπολογούμενον πρὸς ἓν ἕκαστον ὑμῖν τῶν εἰρημένων ἐνοχλεῖν πλείω χρόνον. εἰ γὰρ ὑπὲρ τῶν μεγίστων εἴρηκα, τί δεῖ περὶ τῶν φαύλων ὁμοίως τούτῳ σπουδάζειν; ἐγὼ δ' ὑμῶν, ὦ βουλή, δέομαι πάντων τὴν αὐτὴν ἔχειν περὶ ἐμοῦ διάνοιαν, ἥνπερ καὶ πρότερον. [22] μηδ' οὗ μόνου μεταλαβεῖν ἔδωκεν ἡ τύχη μοι τῶν ἐν τῇ πατρίδι, τούτου διὰ τουτονὶ ἀποστερήσητέ με· μηδ' ἃ πάλαι κοινῇ πάντες ἔδοτέ μοι, νῦν οὗτος εἷς ὢν πείσῃ πάλιν ὑμᾶς ἀφελέσθαι. ἐπειδὴ γάρ, ὦ βουλή, τῶν μεγίστων [ἀρχῶν] ὁ δαίμων ἀπεστέρησεν ἡμᾶς, ἡ πόλις ἡμῖν ἐψηφίσατο τοῦτο τὸ ἀργύριον, ἡγουμένη κοινὰς εἶναι τὰς τύχας τοῖς ἅπασι καὶ τῶν κακῶν καὶ τῶν ἀγαθῶν. [23] πῶς οὖν οὐκ ἂν δειλαιότατος εἴην, εἰ τῶν μὲν καλλίστων καὶ μεγίστων διὰ τὴν συμφορὰν ἀπεστερημένος εἴην, ἃ δ' ἡ πόλις ἔδωκε προνοηθεῖσα τῶν οὕτως διακειμένων, διὰ τὸν κατήγορον ἀφαιρεθείην; μηδαμῶς, ὦ

βουλή, ταύτῃ θῆσθε τὴν ψῆφον. διὰ τί γὰρ ἂν καὶ τύχοιμι τοιούτων ὑμῶν; [24] πότερον ὅτι δι' ἐμέ τις εἰς ἀγῶνα πώποτε καταστὰς ἀπώλεσε τὴν οὐσίαν; ἀλλ' οὐδ' ἂν εἷς ἀποδείξειεν. ἀλλ' ὅτι πολυπράγμων εἰμὶ καὶ θρασὺς καὶ φιλαπεχθήμων; ἀλλ' οὐ τοιαύταις ἀφορμαῖς τοῦ βίου πρὸς τὰ τοιαῦτα τυγχάνω χρώμενος. [25] ἀλλ' ὅτι λίαν ὑβριστὴς καὶ βίαιος; ἀλλ' οὐδ' ἂν αὐτὸς φήσειεν, εἰ μὴ βούλοιτο καὶ τοῦτο ψεύδεσθαι τοῖς ἄλλοις ὁμοίως. ἀλλ' ὅτι ἐπὶ τῶν τριάκοντα γενόμενος ἐν δυνάμει κακῶς ἐποίησα πολλοὺς τῶν πολιτῶν; ἀλλὰ μετὰ τοῦ ὑμετέρου πλήθους ἔφυγον εἰς Χαλκίδα [τὴν ἐπ' Εὐρίπῳ], καὶ ἐξόν μοι μετ' ἐκείνων ἀδεῶς πολιτεύεσθαι, μεθ' ὑμῶν εἱλόμην κινδυνεύειν ἁπάντων. [26] μὴ τοίνυν, ὦ βουλή, μηδὲν ἡμαρτηκὼς ὁμοίως ὑμῶν τύχοιμι τοῖς πολλὰ ἠδικηκόσιν, ἀλλὰ τὴν αὐτὴν ψῆφον θέσθε περὶ ἐμοῦ ταῖς ἄλλαις βουλαῖς, ἀναμνησθέντες ὅτι οὔτε χρήματα διαχειρίσας τῆς πόλεως δίδωμι λόγον αὐτῶν, οὔτε ἀρχὴν ἄρξας οὐδεμίαν εὐθύνας ὑπέχω νῦν αὐτῆς, ἀλλὰ περὶ ὀβολοῦ μόνον ποιοῦμαι τοὺς λόγους. [27] καὶ οὕτως ὑμεῖς μὲν τὰ δίκαια γνώσεσθε πάντες, ἐγὼ δὲ τούτων ὑμῖν τυχὼν ἕξω τὴν χάριν, οὗτος δὲ τοῦ λοιποῦ μαθήσεται μὴ τοῖς ἀσθενεστέροις ἐπιβουλεύειν ἀλλὰ τῶν ὁμοίων αὐτῷ περιγίγνεσθαι.

Commentary on Lysias 24
ON THE REFUSAL OF A PENSION

[24.1]
    οὐ πολλοῦ δέω] = "I do not lack much ... " or "I almost ..." (LSJ s.v. δεῖ I.2).
    εἴληφα] Perfect from λαμβάνω.
[24.2]
    ὅστις] Conditional relative clause (S. 2560).
    τίνος ... πονηρίας] Genitive of separation with ἀποσχέσθαι.
    ἐχρησάμην] From χράομαι. "regarded him as" (LSJ s.v. χράω C.IV).
[24.3]
    κεχρημένος] concessive participle
    τούτου] Genitive of comparison with βελτίων. τούτου = the accuser.
    ἰᾶσθαι] From ἰάομαι.
    τί τούτου διοίσω] διοίσω is from διαφέρω and it expresses the thing differed from in the genitive (LSJ s.v. διαφέρω III).
[24.4]
    ὡς ἂν οἷόν τε διὰ βραχυτάτων] "As briefly as possible".
    καὶ οὐκ εἶναι τῶν ἀδυνάτων] Partitive genitive used as a predicate. "and that I am not one of the disabled" (S. 1319).
    ζῆν] Infinitive in a clause showing the natural or likely result of the action (S. 2258).
[24.5]
    τεκμηρίοις] χράομαι meaning "to use" takes a dative object (LSJ s.v. χράω II).
    τῆς δ' ἐν τῇ τέχνῃ ...] In parallel construction with τῆς μὲν τοῦ σώματος ῥώμης in the previous clause.
    ἀναλίσκειν] Complementary infinitive with the participle δυναμένοις.
[24.6]
    τρίτον ἔτος τουτί] Accusative showing the extent of time (S. 1585). The final iota in τουτί is emphatic.
    βραχέα] Adverbial.
    ὠφελεῖν] See note on ἀναλίσκειν in 24.5.
    διαδεξόμενον] From διαδέχομαι.
    ἣν ἂν ἀφέλησθέ με] Conditional relative clause.

[24.7]

μὴ] Negates ἀπολέσητε.

ἐπειδή γε ἔστιν] "When it is possible".

μηδὲ] As above, negates ἀποδέξησθε, the final word in the exhortation.

[24.8]

εἴη] Optative in apodosis of a future less vivid condition. εἰ ... τότε μὲν φαινοίμην is the protasis.

φαινοίμην λαμβάνων] φαίνω when used with a participle means "to be visible doing something", when used with the infinitive, it means "to appear to do something."

[24.9]

ἐξ ἴσου] = "on an equal footing, as an equal". Compare the usage in 24.3.

[24.10]

ὡς ἀλυπότατα] ὡς + a superlative = "as ... as possible" (S. 1086).

ὢν εἷς ἐγώ] εἷς is the predicate object of ἐγώ. ὤν is a partitive genitive with εἷς.

[24.11]

ἐκεκτήμην] Pluperfect of κτάομαι in the protasis of a past contrafactual condition; the aorist is the more usual tense for this type of conditional sentence (S. 2306).

ὠχούμην] From ὀχέω.

[24.12]

ἑώρα] From ὁράω.

σιωπᾶν] The accuser would have remained silent because nobody would be foolish enough to mistake a mule as a sign of wealth.

τί γὰρ ἂν καὶ ἔλεγεν;] ἄν with the indicative describes the unreal nature of the action expressed by the verb: in this case, the objections against the mule (S. 1786).

τοὺς ᾐτημένους ἵππους] ᾐτημένους is from αἰτέω – "to ask, beg". Thus, the phrase = "borrowed horses".

δυοῖν βακτηρίαιν] Dative dual with χρῶμαι.

τοῦτο τῶν δυναμένων] Genitive of possession with τοῦτο (S. 1300-1305, M. 126).

[24.13]

διενήνοχεν ... τῶν ἀπάντων ἀνθρώπων] διαφέρω expresses the thing differed from in the genitive, as above in 24.3.

τοσούτους ὄντας εἷς ὤν] The contrast here is between the speaker and the jury. εἷς ὤν agrees with the subject of πειρᾶται; τοσούτους ὄντας agrees with ὑμᾶς.

ὡς ἀδύνατον ὄντα] ὡς + a participle expresses the cause for the action of the main verb as understood by the subject of the sentence (S. 2086).

[24.14]

τὴν αὐτὴν ἔχετε γνώμην] A common request in Lysias' works. See

3.21 and below at 24.21.

ἀμφισβητήσων] This term is particularly associated with legal disputes about inheritances (LSJ *s.v.* ἀμφισβητέω 3.b).

[24.15]

ἐγχωρεῖ] When ἐγχωρέω is used in an impersonal sense, it takes a dative showing the person involved (LSJ *s.v.* ἐγχωρέω 2).

[24.16]

οὐ] Negates the implied verb ἐστί with εἰκός.

ὑβρίζειν] Complementary infinitive with εἰκός.

πολλῷ] Dative showing the degree of difference (S. 1513).

τῇ ἡλικίᾳ] Dative of respect with προβεβηκότας.

[24.17]

ἐξωνοῦνται] from ἐξωνέομαι. With τοὺς κινδύνους = "buy their way out of trouble".

συγγνώμης ἀξιοῦνται τυγχάνειν] τυγχάνειν is an infinitive governed by ἀξιοῦνται; συγγνώμης is the genitive object of τυγχάνειν.

ἐξαμαρτάνουσιν] Dative plural participle modifying πρεσβυτέροις. The verb ἐπιτιμάω can take a dative showing the person blamed or censured.

ἀμφότεροι] I.e., both the young and the old.

[24.18]

ὑβριζομένοις, βουλομένοις] Both circumstantial participles agree with τοῖς ἀσθενέσιν.

περιγίγνεσθαι] = "to become stronger".

[24.19]

ὡς ἐμέ] ὡς = the preposition "to, towards" when used with a person. (S. 3003).

ἀνηλώκασι] Perfect of ἀναλίσκω. The phrase οἱ τὰ μὲν ἑαυτῶν ἀνηλώκασι' = "Who have squandered their own resources".

τῶν ὡς ἐμὲ εἰσιόντων] Read κατηγορεῖ a second time here.

τῶν ὡς τοὺς ἄλλους δημιουργούς] Read εἰσιόντων a second time here.

[24.20]

ἐγγυτάτω] Superlative of ἐγγύς. ἐγγύς takes a genitive showing the nearby place.

αὐτῆς] I.e., the Agora.

τῶν παρὰ τοῖς ἄλλοις διατριβόντων] Parallel to τῶν ὡς ἐμὲ εἰσιόντων.

εἰ δὲ κἀκείνων] Read εἴ τις ὑμῶν πονηρίαν καταγνώσεται again with this abbreviated phrase.

ἁπάντων Ἀθηναίων] Supply πονηρίαν καταγνώσεται with the second half of this contrast.

ἀμοῦ γέ που] "Somewhere or another".

[24.21]

 τὴν αὐτὴν ἔχειν περὶ ἐμοῦ διάνοιαν] See note on 3.21.

[24.22]

 μηδ'] Negates ἀποστερήσητε. Compare the three sentences with similar construction in 24.7.

 οὗ] The antecedent is τούτου below.

 ἀποστερήσητε and πείσῃ] Hortatory subjunctives.

 εἷς ὤν] "Being only one person". Note the contrast with κοινῇ πάντες and the echo of τοσούτους ὄντας εἷς ὤν in 24.13.

[24.23]

 ἃ δ' ἡ πόλις ... διακειμένων] This relative clause is the object of ἀφαιρεθείην. Note the contrast between διὰ τὴν συμφορὰν and διὰ τὸν κατήγορον.

 τύχοιμι τοιούτων ὑμῶν] τοιούτων is the genitive object of τύχοιμι; ὑμῶν is a genitive of source.

[24.24]

 ἀποδείξειεν] Potential optative with ἄν.

 ἀφορμαῖς] From ἀφορμή. Here, with βίου, means "resources for life." (LSJ s.v. ἀφορμή I.3).

 χρώμενος] Complementary participle with τυγχάνω.

[24.25]

 ἂν ... φήσειεν] Optative with ἄν in the apodosis of a future less vivid condition.

 τοῖς ἄλλοις ὁμοίως] ὁμοίως is an adverb. I.e., "as he has lied about other things".

 ἐπὶ τῶν τριάκοντα] ἐπὶ with the genitive can mean "in the time of" (LSJ s.v. ἐπί II).

[24.26]

 τύχοιμι] Optative of wish (S. 1814).

 ἀρχὴν] = "political office".

 εὐθύνας] Many Athenian officials were required to undergo a public audit of their actions while in office.

[24.27]

 τῶν ὁμοίων ... περιγίγνεσθαι] περιγίγνομαι takes a genitive showing the person.

Vocabulary

The asterisks following each definition are an indicator of how often a word appears in this book. Words with four asterisks are the most common, words with no asterisks are least common.

Throughout, I have consulted both the intermediate and advanced Liddell and Scott Greek-English lexica, the vocabulary in Hansen and Quinn's *Greek: An Intensive Course*, and the *Pocket Oxford Classical Greek Dictionary*.

ἀγαθός, ή, όν] good, noble, brave (B) wealth, property [****]
ἄγαμαι] to admire
ἀγανακτέω] to be annoyed [*]
ἀγαπάω] to be fond of, love
ἀγήραος, ον] ageless
ἀγνοέω] to be ignorant, unaware
ἀγορά, ᾶς, ἡ] market place [*]
ἄγριος, α, ον] rude, ill-mannered
ἀγρός, οῦ, ὁ] fields, country, farm [*]
ἄγω] to lead, bring [***]
ἀγών, ῶνος, ὁ] trial, competition [***]
ἀγωνίζομαι] (A) to be on trial or compete in a court (B) to contend [*]
ἀδεής, ές] fearless
ἄδεια, ἡ] amnesty, freedom from fear[*]
ἀδελφή, ῆς, ἡ] sister, kindred [*]
ἀδελφιδῆ, ῆς, ἡ] niece [*]
ἀδελφός, οῦ, ὁ] brother [*]
ἄδηλος, ον] uncertain, unknown [*]
ἀδικέω] to do wrong, commit an injustice [****]

ἀδίκημα, ατος, τό] an injustice [*]
ἄδικος, ον] unjust [**]
ἀδύνατος, ον] disabled, powerless[**]
ἀείμνηστος, ον] always remembered
ἀείρω] (A) to lift up, (B) undertake to do something
ἄκων, ουσα, ον] unwilling [*]
ἀθάνατος, ον] immortal [**]
Ἀθηναῖος, α, ον] Athenian [***]
ἆθλον, ου, τό] prize, reward [*]
ἀθυμέω] to be afraid, disheartened
Ἄθως, ω, ὁ] Mount Athos
Αἴγινα, ης, ἡ] Aegina [*]
Αἰγινήτης, ου, ὁ] an Aeginetan
Αἴγυπτος, ὁ] Egypt
αἰδέομαι] to stand in awe, fear
αἱρέω] (A) to overpower (B) to choose, prefer [**]
αἰσθάνομαι] to perceive, understand [*]
αἰσχρός, ά, όν] shameful, disgraceful [*]
αἰσχύνω] to shame, be ashamed [***]
αἰτέω] to ask, request, beg [*]

αἰτία, ας, ἡ] cause, guilty party [*]
αἰτάομαι] to accuse
αἴτιος, α, ον] responsible [***]
ἀκίνδυνος, ον] safe, free from danger
ἀκολουθέω] to follow [*]
ἄκοσμος, ον] inappropriate, disorderly
ἀκούω] to hear, learn [****]
ἀκριβής, ές] precise, accurate [*]
ἀκριβῶς] precisely, accurately [*]
ἀλήθεια, ας, ἡ] truth
ἀληθής, ές] true [****]
ἁλίσκομαι] to be conquered
ἀλλά] but [****]
ἀλλήλων] one another [**]
ἄλλοθεν] from another place
ἄλλος, η, ο] another [****]
ἀλλότριος, α, ον] belonging to another person [***]
ἄλλως] otherwise [*]
ἄλογος, ον] unreasonable
ἄλυπος, ον] free from pain
ἅμα] at the same time [*]
Ἀμαζών, όνος, ἡ] Amazons
ἀμαθία, ας, ἡ] ignorance
ἁμαρτάνω] to be at fault, do wrong [**]
ἁμάρτημα, ατος, τό] fault [*]
ἀμείνων, ον] better [*]
ἀμύνω] defend, ward off [***]
ἀμφισβητέω] to disagree, dispute [*]
ἀμφότερος, α, ον] either one (of two), each of two alternatives [****]
ἀνά] (A) on, upon (w/gen. and dat.) (B) up, throughout (w/acc.) [****]
ἀναβαίνω] (A) to mount (i.e. horses), (B) to go up (i.e. stairs), (C) summon (i.e. witnesses) [***]
ἀναγιγνώσκω] to know (fig.) to read, esp. of laws [*]
ἀναγκάζω] to force [***]

ἀναγκαῖος, α, ον] necessary
ἀνάγκη, ης, ἡ] necessity [*]
ἀναίρεσις, εως, ἡ] taking up (esp. bodies for burial)
ἀναισχυντία, ἡ] shamelessness
ἀναλίσκω] to spend or waste money [*]
ἀναμένω] to wait [*]
ἀναμιμνήσκω] to remember, bear in mind [*]
ἀνάμνησις, εως, ἡ] recollection
ἀναμφισβήτητος, ον] undisputed [*]
ἀνάπηρος, ον] disabled
ἀνδραποδίζω] to enslave
ἀνδράποδον, ου, τό] slave
ἀνδρωνῖτις, ιδος, ἡ] men's rooms in a house
ἀνέλπιστος, ον] unexpected
ἄνευ] without, far from (+gen.)
ἀνέχω] to endure [*]
ἀνήκεστος, ον] incurable
ἀνήρ, ἀνδρός, ὁ] man [****]
ἀνθρώπινος, η, ον] characteristic of a human
ἄνθρωπος, ου, ὁ] man, human [****]
ἀνιαρός, ά, όν] troublesome
ἄνισος, ον] unequal
ἀνίστημι] to stand up, build [*]
ἀνόητος, ον] irrational, silly [*]
ἄνοια, ας, ἡ] foolish
ἀνοίγνυμι] to open [*]
ἄνομος, ον] lawless
ἀντί] opposite, in place of (+gen.) [**]
ἀντιβολέω] (A) to ask as a suppliant (B) meet, come upon
ἀντιδίδωμι] to pay back
ἀντίδοσις, εως, ἡ] an exchange (esp. of property) [*]
ἀντίπαλος, ον] enemy, rival
ἀντιτάττω] to be arranged for battle against
ἄνω] upwards, above
ἀνώνυμος, ον] nameless, lacking fame

ἄξιος, α, ον] worthy, worthwhile [***]
ἀξιόω] to think it best, to think it worthwhile [****]
ἀπαγγέλλω] to report, announce [*]
ἀπαθής, ές] inexperienced, not having suffered something
ἀπαλλάττω] to ward off, be free or safe [*]
ἀπαντάω] to come upon, meet in battle or fight [***]
ἅπαξ] once
ἀπαραίτητος, ον] inevitable
ἀπαράσκευος, ον] unprepared
ἅπας, ἅπασα, ἅπαν] all, everything [****]
ἀπειλέω] to threaten
ἄπειμι] (A) to be gone (B) to go away [***]
ἀπειρία, ας, ἡ] lack of experience
ἄπειρος, ον] not used to, inexperienced
ἀπέρχομαι] to depart, leave [**]
ἀπέχω] to hold off [*]
ἀπιστέω] to doubt, mistrust
ἄπιστος, ον] not trustworthy, unbelievable [*]
ἁπλόος, η, ον] simple, straightforward
ἀπό] from (prep. w/gen)
ἀποβαίνω] to happen, to come down [*]
ἀπογιγνώσκω] (A) to acquit, (B) to lose hope [*]
ἀποδείκνυμι] to point out, reveal [**]
ἀποδέχομαι] to receive, accept [*]
ἀποδημέω] to leave the city, go abroad
ἀποδιδράσκω] to flee
ἀποδίδωμι] to give, hand over [***]
ἀποθνῄσκω] to die [***]
ἀποκινδυνεύω] to make an attempt, to risk something

VOCABULARY • 79

ἀποκλείω] to shut out
ἀποκρύπτω] to hide
ἀποκτείνω] to kill, sentence to death [***]
ἀπολαγχάνω] to fail to be selected by lot [*]
ἀπολαμβάνω] to accept, receive in return
ἀπολαύω] to share in the benefit of [*]
ἀπολείπω] to leave behind [*]
ἀπόλλυμι] to destroy [***]
ἀπολογέομαι] to offer a defense [*]
ἀπολογία, ας, ἡ] defense
ἀπολύω] to set free, ransom
ἀπομάχομαι] to fight off
ἀπορέω] to be confused, be at a loss [*]
ἀπορία, ας, ἡ] confusion, difficulty [*]
ἄπορος, ον] poor, without resources
ἀποσβέννυμι] to extinguish, go out
ἀποστερέω] to deprive, rob [**]
ἀποτίνω] to pay a penalty
ἀποτρέπω] to turn away
ἀποφαίνω] to display, appear
ἀπροσδόκητος, ον] unexpected
ἅπτω] to fall upon, attack [*]
ἄρα] then, therefore
Ἀργεῖος, α, ον] an Argive
ἀργύριον, ου, τό] money, a piece of silver [****]
Ἄρειος πάγος, ὁ] the Areopagus, an Athenian council where homicide cases were tried
ἀρετή, ῆς, ἡ] virtue, excellence [****]
ἀριστάω] to eat
ἀριστεῖον, ου, τό] a prize for valor
ἀρνέομαι] to deny [*]
ἀρχαῖος, α, ον] old, ancestral
ἀρχή, ῆς, ἡ] (A) beginning, start (B) power, supremacy [**]

ἄρχω] (A) to begin (B) to rule [***]
ἄρχων, οντος, ὁ] commander, ruler
ἀσέβεια, ας, ἡ] impiety
ἀσεβέω] to act impiously [*]
ἀσελγής, ές] violent, brutal
ἀσθενής, ές] weak [**]
Ἀσία, ας, ἡ] Asia [*]
ἄσμενος, η, ον] delighted, happy [*]
ἀσπάζομαι] to treat well, regard with affection
ἀστασίαστος, ον] harmonious, free from faction
ἀστός, οῦ, ὁ] citizen
ἀστράβη, ης, ἡ] saddled mule
ἀσφαλής, ές] safe
ἀτιμάζω] to dishonor
ἄτοπος, ον] strange, out of the ordinary [*]
ἀτυχέω] to be unfortunate
αὔλειος, ον] the outer door of a house
αὐλητρίς, ίδος, ἡ] a flute player
αὐτόματος, η, ον] inevitable, automatic, accidental, spontaneous
αὐτός, αὐτή, αὐτό] (A) same (in attributive position) (B) -self (in predicate position) (C) him, her, it, them (in gen., dat., or acc.) [****]
αὐτόφωρος, ον] caught "red-handed"
αὐτόχθων, ον (gen. ονος)] born from the earth [*]
ἀφαιρέω] to take away, deprive [**]
ἀφανίζω] to disappear, be out of sight
ἀφειδέω] without regard for something
ἀφθονία, ας, ἡ] without jealousy
ἀφίημι] to send away, let go [*]
ἀφικνέομαι] to arrive, come to [***]

ἄφιλος, ον] alone, without friends
ἄφιξις, εως, ἡ] arrival
ἀφίστημι] to remove [*]
ἀφορμή, ῆς, ἡ] resources, money
ἄχθομαι] to be annoyed [*]

βαδίζω] to walk [**]
βακτηρία, ας, ἡ] cane
βάλλω] to throw, hit, strike [*]
βαρβαρικός, ή, όν] foreign, non-Greek, a Persian
βάρβαρος, ον] foreign, non-Greek, a Persian [***]
βαρυδαιμονία, ας, ἡ] bad luck
βαρύς, εῖα, ύ] hard to bear, heavy
βάσανος, ου, ὁ] to question under torture [***]
βασιλεύς, βασιλέως, ὁ] king, leader of the Persians [**]
βασιλεύω] to rule, be king [*]
βέβαιος, ον] assured, certain [*]
βέλτιστος, η, ον] best [**]
βελτίων, ον] better [*]
βία, ας, ἡ] force, strength [***]
βιάζω] to compel, force [*]
βίαιος, α, ον] vicious, violent [*]
βίος, οῦ, ὁ] life, life-time [***]
βιόω] to live life [***]
βλάβη, ης, ἡ] damage, hurt
βλάπτω] to hurt, hinder
βοάω] to shout, make a noise [*]
βοηθέω] to help, assist [**]
βοηθός, όν] helping, assisting
βούλευμα, ατος, τό] plans, deliberations [*]
βουλεύω] to plan, deliberate [*]
βουλή, ῆς, ἡ] plan, council [****]
βούλομαι] to be willing [****]
βραχύς, εῖα, ύ] (A) short time, (B) small quantity [*]
βωμός, οῦ, ὁ] altar

γαμετή, ῆς, ἡ] wife [*]
γαμέω] to marry
γάρ] for, indeed [****]
γε] at any rate [***]
γείτων, ονος, ὁ or ἡ] a neighbor
γελάω] to laugh
γεραιός, ά, όν] old, elderly
γῆ, γῆς, ἡ] earth
γῆρας, γήραος, τό] old age [*]
γίγνομαι] to be, be born [****]
γιγνώσκω] to know [***]
γναφεῖον, ου, τό] fuller's shop
γναφεύς, έως, ὁ] fuller
γνήσιος, α, ον] legitimately born, genuine [*]
γνώμη, ης, ἡ] thought, opinion [****]
γόνυ, γόνατος, τό] knee
γραμματεῖον, ου, τό] writing tablet
γραφή, ῆς, ἡ] charge or indictment
γράφω] (A) to write, (B) to indict [*]
γυμνός, ή, όν] naked
γυναικωνῖτις, ιδος, ἡ] women's rooms in a house [*]
γυνή, γυναικός, ἡ] woman, wife [****]

δαίμων, ονος, ὁ, ἡ] deity, fate [*]
δαίς, δαῖδος, ἡ] torch
δακρύω] to cry, weep
δάμαρ, αρτος, ἡ] wife
δέ] but [****]
δεῖ] it is necessary, there is need (w/gen.) [***]
δείδω] to fear [**]
δείλαιος, α, ον] miserable
δεῖνον, ου, ὁ, ἡ, τό] some unnamed person or thing
δεινός, ή, όν] terrible, awful [****]
δειπνέω] to dine, eat [*]

δεῖπνον, ου, τό] dinner, a meal
δεκάκις] ten times over
δέκατος, η, ον] tenth
δεξιόομαι] to welcome or affirm with a handshake
δέος, δέους, τό] fear [*]
δέω] to lack, be in need of [****]
δή] in fact [*]
δῆλος, η, ον] clear, apparent [**]
δηλόω] to reveal, make clear [*]
δημιουργός, οῦ, ὁ] skilled laborer
δημοκρατία, ας, ἡ] democracy [*]
δημόσιος, α, ον] public [*]
δήπου] perhaps [*]
διά] (A) through (B) on account of [****]
διαβιβάζω] to transport
διαγίγνομαι] to pass or go by (of time) [*]
διαγιγνώσκω] (A) to determine, figure out, (B) to vote in a trial [*]
διάγω] to pass time, live life
διαδέχομαι] to receive from another, follow
διαιτάω] to live, reside, pass time [*]
διάκειμαι] to be inclined or likely to do something [***]
διακινδυνεύω] to run a risk, face danger
διακονέω] to serve
διακόσιοι, αι, α] two hundred [*]
διαλέγω] converse, talk
διαλλαγή, ης, ἡ] reconciliation after a quarrel
διαλλάττω] to reconcile after a quarrel [*]
διαλύω] to let a grudge or dispute go, to be reconciled
διαμάχομαι] (A) to fight (B) argue [*]

διανοέομαι] to think, consider [*]
διάνοια, ας, ἡ] thought [***]
διαπράττω] to do, accomplish [*]
διαρρήδην] explicitly
διασῴζω] to save
διατειχίζω] to build a wall
διατίθημι] (A) to set in place (B) to be disposed [*]
διατριβή, ῆς, ἡ] a pastime
διατρίβω] to pass the time [*]
διαφέρω] (A) to be different (B) to matter [**]
διαφεύγω] to escape, flee [*]
διαφθείρω] (A) to destroy (B) to seduce [**]
διαφορά, ᾶς, ἡ] difference [*]
διαφυλάττω] to guard, watch over
διαχειρίζω] to manage
διδάσκω] to instruct, teach [*]
δίδωμι] to give [****]
δίειμι] to go through, recount
διηγέομαι] to explain in detail [*]
δικάζω] to judge or decide in a trial [*]
δίκαιος, α, ον] just, right [****]
δικαιοσύνη, ης, ἡ] justice
δικαστήριον, ου, τό] court room, the court
δικαστής, οῦ, ὁ] judges, members of the jury
δίκη, ης, ἡ] trial, charge, penalty [***]
διοικέω] to manage the affairs of a house
διόμνυμι] to swear an oath [*]
Διονύσια, τά] dramatic festival in honor of Dionysus
διορύττω] to dig a trench
διότι] therefore [*]
διπλόος, η, ον] double [*]
διώκω] to pursue, chase [**]
δοκέω] to seem, think [****]
δούλειος, ον] slavish, servile

δουλεύω] to be a slave or enslaved [*]
δοῦλος, ου, ὁ] slave
δουλόω] to be enslaved
δραχμή, ῆς, ἡ] a drachma, a silver coin [*]
δύναμαι] to be capable, able, powerful [****]
δύναμις, εως, ἡ] power, ability, strength [**]
δυναστεία, ας, ἡ] sovereignty, oligarchy
δυνατός, ή, όν] power, ability [*]
δύο] two [*]
δύσερως, ωτος] love-sick
δυσκολαίνω] to be annoyed
δυσμή, ῆς, ἡ] setting (of the sun)
δυστυχέω] to be unfortunate, unhappy [**]
δυστύχημα, ατος, τό] misfortune [*]
δυστυχής, ές] unfortunate
δυστυχία, ας, ἡ] bad luck [**]
δυσχερής, ές] hard to manage
δύω] sink, set
δωμάτιον, ου, τό] bedroom [*]

ἐάν] if [****]
ἑαυτοῦ, ῆς, οῦ] himself, herself, itself [****]
ἐάω] to allow, permit [**]
ἑβδομήκοντα, τά] seventy [*]
ἐγγίγνομαι] it happens, comes to be
ἐγγύς] near [**]
ἐγκαθίστημι] to establish, set in place
ἐγκαλέω] to call into court [*]
ἔγκλημα, ατος, τό] an accusation, charge [*]
ἐγχειρίδιον, ου, τό] dagger
ἐγχωρέω] to allow, permit [*]
ἐγώ] I (first person singular pronoun) [****]
ἐθέλω] to wish, to want [***]

VOCABULARY • 83

ἐθίζω] to be used to doing something [*]
ἔθνος, ους, τό] a nation, group of people [*]
ἔθος, ους, τό] custom, habit
ἔθω] to be accustomed to doing something
εἰ] if [****]
εἶδον] to see, know [***]
εἰκός, ότος, τό] likely
εἰκότως] in likelihood, appropriately
εἰμί] to be, exist, be possible [****]
εἶμι] to go [*]
εἴπερ] if (emphatic) [*]
εἶπον] to say, speak [****]
εἰς] in, into [****]
εἷς, μία, ἕν] one [***]
εἰσαγγελία, ας, ἡ] information, news
εἰσαγγέλλω] to report, announce
εἰσάγω] to lead, bring, fig. summon to a court
εἰσαρπάζω] to seize [*]
εἴσειμι] to enter [***]
εἰσέρχομαι] to go into, enter [***]
εἴσοδος, ου, ἡ] entrance
εἶτα] thereupon, next [*]
εἴτε] either ... or [*]
ἐκ] out of, from [****]
ἕκαστος, η, ον] each one, every one [**]
ἑκάτερος, α, ον] each one (of two)
ἐκβάλλω] to cast out, expel [**]
ἐκγίγνομαι] to be possible, allowed [*]
ἐκδίδωμι] to hand over, return [*]
ἐκεῖνος, ἐκείνη, ἐκεῖνο] that person or thing [****]
ἐκκαλέω] to summon [*]
ἐκκηρύττω] to proclaim someone banished
ἐκκόπτω] to cut or knock out

ἐκλέγω] to select, lift out
ἐκλείπω] to abandon [*]
ἐκπηδάω] to attack
ἐκπίπτω] to cast out, eject
ἐκπλέω] to sail away
ἐκπλήγνυμι] to be amazed
ἐκφεύγω] to flee
ἐκφορά, ᾶς, ἡ] laying out of a body for burial
ἑκών, ἑκοῦσα, ἑκόν] willing [*]
ἐλαττόω] to be defeated in battle, be inferior
ἐλάττων, ον] less, smaller [*]
ἐλάχιστος, η, ον] least [*]
ἔλεγχος, ου, ὁ] (A) cross-examination, questioning (B) account, evidence [*]
ἐλεεινός, όν] subject to pity
ἐλεέω] to pity [***]
ἐλεήμων, ον] compassionate
ἔλεος, ου, ὁ] pity
ἐλευθερία, ας, ἡ] freedom [****]
ἐλεύθερος, α, ον] free [**]
ἐλευθερόω] to set free [*]
Ἐλευσίς, ῖνος, ἡ] Eleusis
ἕλκος, ους, τό] wound [*]
ἕλκω] (A) to drag away (B) to draw someone to oneself [*]
Ἑλλάς, άδος, ἡ] Greece [****]
ἐλλείπω] to fall short, lack
Ἕλλην, ηνος, ἡ] Greek
Ἑλληνικός, ή, όν] Greek [*]
Ἑλλήσποντος, ὁ] the Hellespont [*]
ἐλπίζω] to hope [*]
ἐλπίς, ίδος, ἡ] hope [**]
ἐμαυτοῦ, ἐμαυτῆς] myself [****]
ἐμβαίνω] to step in, enter [*]
ἐμβάλλω] to enter, invade [*]
ἐμός, ή, όν] mine [****]
ἐμπειρία, ας, ἡ] experience
ἔμπειρος, ον] experienced
ἐμπίπτω] to throw or fall in or on
ἐμποδών] impediment, in the way

ἐμφανής, ές] clear, visible
ἐν] in, among [****]
ἐναντίος, α, ον] opposite [**]
ἐνάπτω] to light, set on fire
ἐνδεής, ές] lacking, in need of
ἐνδίδωμι] to hand over, give up [*]
ἔνδοθεν] from inside
ἔνδον] inside [*]
ἐνεδρεύω] to ambush
ἕνεκα] on account of (+ preceding genitive) [***]
ἐνέχω] to hold within
ἐνθάδε] here [***]
ἐνθυμέομαι] to reflect upon, consider [**]
ἔνιοι, αι, α] some [*]
ἐνίοτε] sometimes
ἐννέα] nine
ἐνοχλέω] to annoy
ἔνοχος, ον] guilty, liable
ἐνταῦθα] here [*]
ἐντός] inside
ἐντυγχάνω] to meet, run into a person [*]
ἐξάγω] to be compelled
ἐξαιρέω] to remove, take away
ἐξαιτέω] to ask, demand
ἐξαλείφω] to wipe out, abolish
ἐξαμαρτάνω] to fail, do wrong [***]
ἐξαπατάω] to deceive
ἐξαρκέω] to be sufficient
ἔξαρνος, ον] denying
ἐξελαύνω] to banish, drive out [**]
ἐξέρχομαι] to go or come from [**]
ἔξεστι] it is possible [***]
ἐξευρίσκω] to discover, learn [**]
ἐξίστημι] to change, alter
ἐξυβρίζω] to act violently
ἔξω] out of, outside [*]
ἐξωνέομαι] purchase
ἐπαγγέλλω] to announce
ἐπάγω] to bring to oneself
ἐπαινέω] to praise

ἔπαινος, ου, ὁ] praise
ἐπαίρω] to lift up
ἐπαμύνω] to protect, defend
ἐπανορθόω] to restore
ἐπεγείρω] to wake
ἐπεί] when, since [****]
ἐπειδάν] whenever
ἔπειμι] to come in, invade [*]
ἔπειτα] then, next [*]
ἐπί] (A) on (w/gen. or dat.) (B) onto, against, for (w/acc.) [****]
ἐπιβουλεύω] to plot against [***]
ἐπιγίγνομαι] to come after, follow
ἐπιδείκνυμι] to show, prove [****]
ἐπιδημέω] to be at home, in one's house [*]
ἐπιδιώκω] to chase
ἐπιθυμέω] to want, desire [***]
ἐπιθυμία, ας, ἡ] desire
ἐπίκληρος, ου, ὁ] an heiress
ἐπιλαμβάνω] to grab hold of [*]
ἐπιλήθω] to forget [*]
ἐπίλοιπος, ον] remaining
ἐπιμελέομαι] to oversee, look after
ἐπιπλέω] to sail
ἐπίπονος, ον] burdensome, painful
ἐπισκήπτω] to denounce or challenge in court [*]
ἐπίσταμαι] to know [*]
ἐπιστρατεύω] to fight against, to march against
ἐπιτάττω] to order, array for battle
ἐπιτάφιος, ον] funeral, over a tomb [*]
ἐπιτήδειος, α, ον] (A) useful, suitable, convenient (B) a friend (as a substantive) [**]
ἐπίτηδες] on purpose
ἐπιτήδευμα, ατος, τό] custom, habit

ἐπιτηδεύω] to habitually do something [*]
ἐπιτηρέω] to watch for [*]
ἐπιτίθημι] to establish, set in place [*]
ἐπιτιμάω] to blame, reproach
ἐπιτρέπω] to entrust
ἐπιχειρέω] to attempt, try [*]
ἕπομαι] follow, accompany
ἑπτά] seven
ἐράω] to love [*]
ἐργάζομαι] to work [*]
ἔργον, ου, τό] work, labor, deed [****]
ἐρῆμος, ον] empty, barren [**]
ἐρημόω] to destroy, make desolate [*]
ἐρίζω] to dispute, quarrel
ἔρομαι] to ask [*]
ἐρρωμένος, η, ον] strong
ἔρχομαι] to come, go [****]
ἐρῶ] to say, speak [***]
ἐρωτάω] to ask, request [*]
ἑστία, ας, ἡ] hearth, fireside
ἑταίρα, ας, ἡ] companion, mistress
ἑταιρέω] to be a companion
ἕτερος, α, ον] the other, another [****]
ἑτέρωθι] in another place
ἔτι] still [****]
ἑτοῖμος, ον] ready, prepared
ἔτος, ους, τό] year [*]
εὖ] well [**]
εὐδαίμων, ον] fortunate, happy
εὐήθης, ες] simple, foolish [*]
εὔθυνα, ας, ἡ] accounting of one's expenditures or conduct in office
εὐθύς, εῖα, ύ] straight [*]
εὐκλεής, ές] famous
εὔκολος, ον] satisfied, content
εὐκτός, ή, όν] wished for, desired
εὐπορέω] to be wealthy
εὐπορία, ας, ἡ] wealth, abundance [*]
εὑρίσκω] to find, discover [*]

VOCABULARY • 85

Εὐρώπη, ἡ] Europe [*]
εὐτυχέω] to be fortunate or prosperous
εὐτυχής, ές] fortunate, prosperous [*]
εὐτυχία, ας, ἡ] good fortune, prosperity [*]
εὐφίλητος, η, ον] much-loved
εὐψυχία, ας, ἡ] courage, strong-spirited [*]
ἐφέλκω] to drag away
ἐχθρός, ά, όν] hostile, hateful [****]
ἔχω] (A) to have, hold, (B) to be, (C) to be possible [****]
ἕως] until, while

ζάω] to live [***]
ζεύγνυμι] to yoke, bind together
ζεῦγος, ους, τό] a yoke
ζῆλος, ου, ὁ] jealousy [*]
ζηλόω] to be jealous [**]
ζηλωτός, ή, όν] enviable [*]
ζηλωτής, ου, ὁ] rival
ζημία, ας, ἡ] penalty, punishment [**]
ζημιόω] to punish
ζητέω] to seek [***]

ἤ] (A) either ... or, (B) comparative: than, as
ἡγεμών, όνος, ὁ] leader, the one holding power [**]
ἡγέομαι] to think, suppose [****]
ἥδομαι] to enjoy oneself
ἡδονή, ῆς, ἡ] pleasure
ἥκω] to come, arrive [***]
ἠλίθιος, α, ον] foolish
ἡλικία, ας, ἡ] of the proper age for military service [*]
ἥλιος, ου, ὁ] the sun [*]
ἡμέρα, ας, ἡ] day [**]
ἡμέτερος, α, ον] our [***]
ἥμισυς, εια, υ] half

ἡττάομαι] to be defeated, become less than [*]
ἥττων, ἧττον] weaker, worse
ἡσυχία, ας, ἡ] quiet [*]

θάλαττα, ας, ἡ] the sea [**]
θάνατος, ου, ὁ] death [***]
θάπτω] to bury [***]
θαυμάζω] to be amazed [*]
θαυμαστός, ή, όν] amazing [*]
θεάομαι] to watch
θεῖος, α, ον] divine, from the gods
θεός, ὁ or ἡ] god or goddess [*]
θεράπαινα, ης, ἡ] female servant [**]
θεραπεύω] to serve, attend [*]
θεράπων, οντος, ὁ] male servant
θεσμοθέτης, ου, ὁ] legislator
θεσμοφόρια, ων, τά] an Athenian women's festival in honor of Demeter
θηλάζω] to nurse, breast feed
θηρίον, ου, τό] wild animal
θνήσκω] to die [**]
θνητός, ή, όν] mortal [*]
θόρυβος, ου, ὁ] tumult
θρασύς, εῖα, ύ] reckless, impulsive
θρασύτης, ητος, ἡ] recklessness
θυγάτηρ, θυγατρός, ἡ] daughter
θύρα, ας, ἡ] door [***]
θυσία, ας, ἡ] sacrifice

ἰάομαι] to heal, make well
ἰδέα, ας, ἡ] form
ἴδιος, α, ον] private [***]
ἱερός, ά, όν] (A) divine, holy, (B) temple (as a substantive)
ἵημι] to set in motion, throw [**]
ἱκανός, ή, όν] able, adequate [***]
ἱκετεία, ας, ἡ] supplication

ἱκετεύω] to ask or approach as a suppliant [*]
ἱκέτης, ου, ὁ] suppliant [*]
ἱμάτιον, ου, τό] a cloak [*]
ἵνα] (A) in that place (B) in order that [****]
ἱππικός, ή, όν] horsemanship, skilled in riding
ἵππος, ου, ὁ/ἡ] horse [**]
ἰσθμός, οῦ, ὁ] an isthmus [*]
ἴσος, η, ον] equal [**]
ἵστημι] to stand, to make to stand [*]
ἰσχυρός, ά, όν] strong [*]
ἰσχύω] to be strong

καθαιρέω] to take down, destroy
καθεύδω] to sleep
καθίζω] to seat
καθίστημι] to set down, set, establish [****]
καί] and, even, also [**]
καινός, ή, όν] new [*]
καίπερ] although, even
καιρός, ὁ] the appropriate time, due measure
καίτοι] and indeed [***]
καίω] to light, burn
κακία, ας, ἡ] baseness, dishonor [*]
κακός, ή, όν] bad, wicked [****]
κακόω] to treat or be treated poorly [**]
καλέω] to call, summon [*]
καλός, ή, όν] beautiful, good, noble [****]
καπηλεῖον, ου, τό] a shop or pub
κατά] (A) under (w/gen.) (B) according to (w/acc) [****]
καταβαίνω] to descend [*]
καταβάλλω] to hit, strike
καταγελάω] to laugh, mock
καταγιγνώσκω] to convict, pass judgement on [*]
κατάγνυμι] to break [*]
καταδουλόω] to enslave [*]

καταισχύνω] to shame
κατακείω] to lie down
καταλαμβάνω] to come upon, find, seize [***]
καταλέγω] to explain in detail, recount at length
καταλείπω] to leave behind [***]
καταπίπτω] to fall down
κατασκευάζω] to equip, set up shop
καταστρέφω] to subdue
κατατίθημι] to set in place, pay [*]
καταφεύγω] to flee [*]
καταφρονέω] to look down upon
καταψεύδομαι] to lie
κατεῖπον] to speak against [*]
κατεργάζομαι] to achieve, obtain by labor
κατέρχομαι] to return, come back [*]
κατέχω] to hold back
κατηγορέω] to speak against, accuse [**]
κατήγορος, ου, ὁ] accuser [**]
κάτω] underneath, below [*]
κεῖμαι] to lie down (for burial) [***]
κείρω] to cut off one's hair in mourning, fig. to mourn
κελεύω] to exhort, urge, order [***]
κέρδος, ους, τό] gain, profit [*]
κεφαλή, ῆς, ἡ] head [*]
κῆρυξ, υκος, ὁ] herald
κινδυνεύω] to run a risk, be in danger [****]
κίνδυνος, ου, ὁ] risk, danger [****]
κλαίω] to lament
κλείς, κλειδός, ἡ] key
κλέος, ου, τό] fame, report
κλέπτης, ου, ὁ] thief
κληρόω] to appoint by lot [*]
κλῖμαξ, ακος, ἡ] stairway
κλίνη, ης, ἡ] couch, bed

VOCABULARY • 87

κοινός, ή, όν] common, shared [***]
κολάζω] rebuke, punish [*]
κομίζω] (A) to treat properly or hospitably (B) to recover [*]
κόρη, ἡ] young woman
κόσμιος, α, ον] orderly [*]
κουρεῖον, ου, τό] a barber's shop
κράζω] to shout
κρατέω] to hold power, rule [*]
κράτιστος, η, ον] strongest, most powerful
κραυγή, ῆς, ἡ] cry, shout
κρείττων, ον] stronger
κρίνω] to judge
κρίσις, εως, ἡ] judgment
κριτής, οῦ, ὁ] a judge
κτάομαι] to gain, acquire [***]
κύριος, α, ον] having power or authority over something, a guard [*]
κωλύω] to hinder, prevent [*]
κωμάζω] to celebrate (wildly)
κωμῳδέω] to mock, parody

λαγχάνω] to obtain by lot
λαμβάνω] to seize, receive, accept [****]
λανθάνω] to escape notice
λέγω] to say, speak, mean [****]
λειτουργέω] to perform a public service and bear the expense
λειτουργία, ας, ἡ] a public service or duty
λήγω] to stop, cease
λίαν] to much, excessively [**]
λίθος, ου, ὁ] a stone [*]
λογισμός, οῦ, ὁ] an account, reasoning [*]
λόγος, ου, ὁ] account, story [****]
λοιδορία, ας, ἡ] abuse [*]
λοιπός, ή, όν] the remaining things, the rest[**]
λούω] to wash

λυπέω] (A) to annoy (B) cause pain [*]
λύπη, ἡ] pain [*]
λύσις, εως, ἡ] ransom, release [*]
λύχνος, ου, ὁ] lamp

μακαρίζω] to say that someone is happy or blessed
μακρός, ά, όν] long
μάλιστα] most, especially
μᾶλλον] more, rather [***]
μανθάνω] to learn [*]
μανία, ας, ἡ] madness [*]
μαρτυρέω] to testify as a witness [*]
μαρτυρία, ας, ἡ] witness, evidence
μαρτύρομαι] to call to witness
μάρτυς, υρος, ὁ] witness
μαστιγόω] to whip, beat
μάχη, ης, ἡ] battle [*]
μάχιμος, η, ον] hostile, warlike
μάχομαι] to fight [****]
μέγας, μεγάλη, μέγα] large, great [****]
μέγεθος, ους, τό] greatness, large size [*]
μέθη, ης, ἡ] a strong drink [*]
μεθύω] to be drunk [*]
μειράκιον, ου, τό] a young boy, lad [****]
μέλλω] (A) to be about to do something, (B) to intend to do something [***]
μέλω] to be a matter of concern
μέμφομαι] to blame, reproach
μέν] on the one hand ... on the other hand (with δέ) [****]
μένω] to remain, wait
μέρος, ους, τό] portion, lot, share
μεστός, ή, όν] full [*]
μετά] (A) with (w/gen.) (B) after (w/acc.) [****]
μεταγιγνώσκω] to change one's mind, lose resolve

μεταδίδωμι] to give, hand over
μεταλαμβάνω] to seize, take
μεταμέλει] to regret, feel remorse [*]
μεταξύ] in the middle
μεταπέμπω] to summon [*]
μέταυλος, ἡ] inner door of a house
μεταχειρίζω] to take in hand, manage
μετέρχομαι] to go after, to find [*]
μετέχω] to share [*]
μέτωπον, ου, τό] the forehead
μέχρι] until
μή] not [****]
μηδαμῶς] in no way
μηδέ] and not [**]
μηδείς, μηδεμία, μηδέν] not one, nobody [****]
μηδέποτε] never
μηκέτι] no longer
μήν] yet, indeed
μηνύω] to declare, proclaim [*]
μήτε] and not [**]
μήτε ... μήτε] neither ... nor [**]
μήτηρ, μητρός, ἡ] mother [***]
μηχανάομαι] to prepare, devise [*]
μιαίνω] to corrupt, pollute
μικρός, ά, όν] small [*]
μιμέομαι] to imitate [*]
μιμνήσκω] to bring to mind, to remember [***]
μισέω] to hate [*]
μισθόω] to rent, hire [*]
μνεία, ας, ἡ] recollection, memory
μνῆμα, ατος, τό] memorial
μνήμη, ης, ἡ] memory [**]
μοῖρα, ας, ἡ] fate
μοιχεία, ας, ἡ] adultery
μοιχεύω] to commit adultery [*]
μοιχός, οῦ, ὁ] an adulterer [**]
μόνος, η, ον] alone, only [****]
μυλών, ῶνος, ὁ] a mill

μυριάς, άδος, ἡ] (A) a great number, a myriad (B) ten thousand [*]
μυροπώλιον, ου, τό] a perfume shop

ναυαγέω] to be shipwrecked
ναυάγιον, ου, τό] shipwreck, debris from a shipwreck
ναυμαχέω] to fight in a naval battle [*]
ναυμαχία, ας, ἡ] a naval battle [**]
ναῦς, νεώς, ἡ] ship [***]
νεανίσκος, ου, ὁ] a young man [*]
νεκρός, οῦ, ὁ] dead body
νέος, νέα, νέον] young, new
νεώτερος, α, ον] younger [*]
νικάω] to conquer, win [***]
νίκη, ης, ἡ] victory [*]
νομίζω] to think, believe [****]
νόμιμος, ον] customary
νομοθέτης, ου, ὁ] legislator
νόμος, ου, ὁ] law, custom [****]
νοῦς, νοῦ, ὁ] mind
νόσος, ου, ἡ] illness, disease [*]
νύκτωρ] at night [*]
νῦν] now [****]
νυνί] right now [*]
νύξ, νυκτός, ἡ] night [**]

ξένος, ου, ὁ] foreigner, guest-friend
ξύλον, ου, τό] a piece of wood

ὁ, ἡ, τό] the (definite article) [****]
ὀβολός, οῦ, ὁ] an obol, a unit of currency equal to one sixth of a drachma [*]
ὅδε, ἥδε, τόδε] this one [****]
ὁδός, οῦ, ἡ] road, way
οἶδα] to know [****]

οἴκαδε] homeward [*]
οἰκεῖος, α, ον] domestic, related to the household, friends (as a substantive) [*]
οἰκειότης, ητος, ἡ] intimacy, close relationship
οἰκέτης, ου, ὁ] household slave [*]
οἰκέω] to dwell, inhabit [**]
οἰκία, ας, ἡ] building, house, dwelling [****]
οἰκίδιον, ου, τό] small house
οἴκοθεν] from home
οἴκοι] at home
οἰκονόμος, ου, ὁ or ἡ] household manager
οἰκτείρω] to feel pity
οἶκτος, ου, ὁ] pity
οἰκτρός, ά, όν] deserving of pity
οἶνος, ου, ὁ] wine
οἴομαι] to think, suppose [***]
οἷος, οἵα, οἷον] (A) of such a sort (B) οἷος τ'εἰμί I can, I am able [****]
οἴχομαι] (A) to depart, go outside (B) to come [***]
ὀλιγαρχία, ας, ἡ] oligarchy
ὀλίγος, η, ον] (A) few (B) small [***]
ὀλίγωρος, ον] contemptuous
ὀλοφύρομαι] to lament, mourn [**]
ὄμνυμι] to swear an oath
ὅμοιος, α, ον] similar, like [**]
ὁμολογέω] to agree [**]
ὁμονοέω] to have the same thought, agree [*]
ὁμόνοια, ας, ἡ] of like mind, agreement
ὅμως] nevertheless [*]
ὄνειδος, ους, τό] reproach, blame
ὀνομάζω] to name [*]
ὀξύχειρ, χειρος, ὁ or ἡ] contentious, heavy-handed
ὄπισθεν] behind the back
ὁπλίζω] to be armed
ὅποι] (A) wherever (B) where?

ὁποῖος, α, ον] (A) of whatever kind (B) of what kind?
ὁπότε] (A) whenever (B) when [*]
ὁπότερος, α, ον] (A) whichever of two (B) which of two [*]
ὅπου] (A) wherever (B) where
ὅπως] (A) in order (B) how [*]
ὁράω] to see [***]
ὀργή, ῆς, ἡ] anger
ὀργίζω] to make someone angry [**]
ὁρίζω] to divide, limit, draw boundaries
ὅρκος, ου, ὁ] oath [*]
ὅρος, ου, ὁ] frontier, boundary
ὀρφανός, ή, όν] without parents [*]
ὅς, ἥ, ὅ] who, which (relative pronoun)[****]
ὅσος, η, ον] how much, how many [***]
ὅσπερ, ἥπερ, ὅπερ] the very one who
ὅστις, ἥτις, ὅ τι] whoever, whichever [****]
ὄστρακον, ου, τό] a clay pot, a piece of a clay pot [*]
ὅταν] whenever [*]
ὅτε] when, whenever
ὅτι] that [****]
ὁτιοῦν] in any way
οὐ] not [****]
οὐδαμῶς] in no way
οὐδέ] and not [***]
οὐδείς, οὐδεμία, οὐδέν] not one, nobody [****]
οὐδέποτε] not ever [*]
οὐδεπώποτε] not ever (intensive of οὐδέποτε).
οὐκέτι] no longer, no more [*]
οὐκοῦν] therefore
οὔκουν] therefore not
οὖν] therefore [****]
οὗπερ] the place where
οὔπω] not yet [**]
οὐσία, ας, ἡ] property [*]

οὔτε] and not [****]
οὔτε ... οὔτε] neither ... nor [****]
οὗτος, αὕτη, τοῦτο] this one here [****]
οὕτως] thus, in this way [****]
ὀφείλω] to owe
ὀφθαλμός, οῦ, ὁ] the eye
ὀχέω] to ride, mount [*]

πάγος, ου, ὁ] hill
πάθος, ους, τό] suffering, experience
παιών, ῶνος, ὁ] a war song
παιδεύω] to educate or raise a child [*]
παιδίον, ου, τό] a young child [**]
παιδίσκη, ης, ἡ] a young girl
παίζω] to play [*]
παῖς, παιδός, ὁ or ἡ] (A) child (B) slave [****]
παίω] to hit, strike
πάλαι] long ago
παλαιός, ά, όν] (A) old (B) long ago [*]
πάλιν] again, in turn [**]
παλλακή, ῆς, ἡ] mistress[*]
πανδημεί] with all the people
πανοῦργος, ον] a scoundrel
πανστρατιᾷ] with the entire army
πανταχῇ] everywhere
πανταχόθεν] from everywhere [*]
πανταχοῦ] everywhere
πάνυ] completely, entirely
παρά] beside, from the side of [****]
παραβαίνω] to go alongside
παραγγέλλω] to call for help, to spread the word [*]
παραγίγνομαι] to be present [**]
παραδίδωμι] to give, hand over
παραινέω] to give advice
παρακαλέω] to call for help [*]

VOCABULARY • 91

παρακελεύομαι] to give advice
παρακελευσμός, οῦ, ὁ] exhortation
παραλαμβάνω] to receive, gather together [*]
παραλείπω] to leave behind, cause to stay [*]
παρανομέω] to act contrary to the law [*]
παρανομία, ας, ἡ] a violation of the law
παράνομος, ον] illegal
παρασκευάζω] to prepare, get ready [***]
παρασκευή, ῆς, ἡ] preparation, plan
παρατάττω] to arrange in battle order
παραχρῆμα] immediately
πάρειμι] to be present [***]
παρέρχομαι] to go by, pass
παρέχω] (A) to hold out (B) to be possible [***]
παρίστημι] to set up, establish
πάροδος, ου, ἡ] an entrance, passage [*]
παροινέω] to be drunk, behave poorly while drunk
παροινία, ας, ἡ] drunkenness, drunken rowdiness
πάροινος, ον] drunk
παροξύνω] to anger, irritate
πᾶς, πᾶσα, πᾶν] all, whole, every, each [****]
πάσχω] to suffer [***]
πατάσσω] to beat, strike [*]
πατήρ, πατέρος, ὁ] father [**]
πάτριος, α, ον] of or pertaining to a father [*]
πατρίς, ίδος, ἡ] one's country, fatherland [****]
παύω] to stop [*]
πεζομαχέω] to fight on land
πεζός, ή, όν] on land [**]
πείθω] to persuade [***]
πειράω] to try, attempt [*]
πέμπω] to send

πένης, ητος, ὁ] a poor or working man [*]
πενθέω] to mourn, lament [**]
πένθος, ους, τό] mourning, suffering
πενία, ας, ἡ] poverty [*]
πένομαι] to labor
πέντε] five
πεντήκοντα] fifty [*]
περί] (A) about, concerning (w/gen.) (B) around (w/dat.) (C) concerning, around (w/acc.) [****]
περιάγω] to bring around or behind
περιβάλλω] to throw around [*]
περιβόητος, ον] frequently discussed, notorious [*]
περιγίγνομαι] to become or think oneself superior to others [*]
περιίστημι] to surround, stand around [*]
περιστρέφω] (A) to spin around (B) to crown
περιτρέχω] to run around
περιφανής, ες] notorious, well-known, visible
περιφέρω] to carry around
πηρός, ά, όν] incapacitated, maimed
πῖλος, ου, ὁ] wool
πίμπλημι] to fill
πίνω] to drink
πιπράσκω] to sell
πίπτω] to fall
πιστεύω] trust, believe [**]
πίστις, εως, ἡ] trust, belief [*]
πιστός, ή, όν] trustworthy, believable [*]
πλεῖστος, η, ον] most, largest [***]
πλείων, πλεῖον] more, larger [**]
πλέω] to sail [**]
πλῆθος, ους, τό] great number, multitude [***]
πλήν] except [**]

πλησίος, α, ον] near, close
πλήττω] to strike [*]
πλόος, ου, ὁ] voyage, journey by sea
πλοῦτος, ου, ὁ] wealth [*]
πλοῦτος, ὁ] wealth [*]
ποθεινός, ή, όν] desired
πόθεν] from somewhere
ποθέω] to desire, long for
πόθος, ου, ὁ] longing, desire
ποιέω] to make, do [****]
ποιητός, ά, όν] to be made, done
ποῖος, α, ον] of what kind?
πολεμέω] to fight in a war [***]
πολέμιος, α, ον] hostility, warlike [***]
πόλεμος, ου, ὁ] war [**]
πολιορκέω] to besiege a city
πόλις, εως, ἡ] city [****]
πολιτεύω] to live or act as a citizen [*]
πολίτης, ου, ὁ] citizen [***]
πολλάκις] often [**]
πολλαχοῦ] in many places
πολυπραγμοσύνη, ης, ἡ] to be a meddler or busybody
πολυπράγμων, ον] meddlesome
πολύς, πολλή, πολύ] much, many [****]
πονηρία, ας, ἡ] baseness, wickedness [**]
πονηρός, ά, όν] base, wicked [*]
πόνος, ου, ὁ] work, toil
πορθέω] to destroy, plunder
πόρνη, ης, ἡ] prostitute [*]
πόρρω] forward
ποταμός, οῦ, ὁ] river
ποτέ] at some time [*]
πότερος, α, ον] which of two [***]
πού] anywhere, somewhere [*]
πρᾶγμα, ατος, τό] deed, affair, act [****]
πραόνως] moderately

πράττω] to do, accomplish [****]
πρέπω] to be appropriate
πρέσβυς, εος, ὁ] old man [**]
πρεσβῦτις, ιδος, ἡ] old woman
πρίν] before
προαπόλλυμαι] to be destroyed first
προβαίνω] to feel superior
πρόγονος, ον] ancestor [***]
προδίδωμι] to hand over, betray [*]
πρόειμι] to advance, go forward
προθυμέομαι] to be eager [*]
πρόθυμος, ον] eagerness, willingness
προκαλέω] to summon
πρόκειμαι] to lie before, lie in front [*]
πρόκλησις, εως, ἡ] legal challenge [*]
προνοέω] to provide for, premeditate [**]
πρόνοια, ας, ἡ] premeditation [**]
πρόοιδα] to know in advance [**]
πρός] (A) near (w/dat.) (B) toward (w/acc.) [****]
προσγίγνομαι] to add to, exist in addition to
προσδοκάω] to expect
πρόσειμι] to approach, be near
προσέρχομαι] to come up to, approach [*]
προσέχω] (A) to pay attention, hold out (B) to pay attention to (with τὸν νοῦν)
προσήκω] (A) to have arrived (B) to be a matter of concern [***]
πρόσοδος, ου, ὁ] approach, entrance
προσποιέω] to pretend [*]
πρόσταξις, εως, ἡ] command
προστάτης, ου, ὁ] leader
προστίθημι] to set in place, shut a door

προσφέρω] to bring forward, bring to
προσφοιτάω] to roam about, visit regularly [*]
πρόσωπον, ου, τό] forehead, face
πρότερος, α, ον] before [****]
πρόφασις, εως, ἡ] pretext, excuse
πρῶτος, η, ον] first [***]
πυνθάνομαι] to learn by inquiry [**]
πύξ] with the fist
πώποτε] ever, yet [**]
πως] somehow [*]
πῶς] how? [*]

ῥᾴδιος, α, ον] easy [***]
ῥᾳστώνη, ης, ἡ] mild tempered
ῥήτωρ, ορος, ὁ] public speaker
ῥίπτω] to throw down or away [*]
ῥώμη, ης, ἡ] strength [*]

σαφής, ές] clear [*]
σεμνός, ἡ, όν] holy, revered
σημεῖον, ου, τό] sign, token, proof [*]
σιδήριον, ου, τό] an iron tool
σιωπάω] to keep silent [*]
σιωπή, ῆς, ἡ] silence [*]
σκέπτομαι] to look about, consider [**]
σκήπτω] to offer as an excuse
σκοπέω] to look about, consider
σκυτοτομεῖον, ου, τό] shoe-maker's shop
σός, σή, σόν] your, yours [*]
σοφία, ας, ἡ] wisdom
σπουδάζω] to strive, be eager [*]
στάδιον, ου, τό] a stade (a unit of measure = 600 ft).
στασιάζω] to quarrel, rebel [*]
στέλλω] to make ready, equip
στενός, ή, όν] narrow

VOCABULARY • 93

στενότης, ητος, ἡ] narrowness
στερέω] to deprive, take away [*]
στεφανόω] to crown or win a crown as a reward
στήλη, ης, ἡ] a stone block for an inscription
στρατεία, ας, ἡ] military expedition
στράτευμα, ατος, τό] expedition, army
στρατεύω] to serve as a soldier [*]
στρατηγέω] to lead an army [*]
στρατηγός, οῦ, ὁ] a general [*]
στρατόπεδον, ου, τό] a land army
συγγνώμη, ης, ἡ] forgiveness, pardon [**]
συγκαταθάπτω] to bury together
σύγκειμαι] to lie together
συγκόπτω] to assault, beat [*]
συγχωρέω] to gather, meet [*]
συκοφαντέω] to falsely accuse, harass with a frivolous lawsuit [*]
συκοφάντης, ου, ὁ] one who brings frivolous lawsuits
συκοφαντια, ας, ἡ] frivolous lawsuit
συλλέγω] to gather together, collect [*]
συμβαίνω] to come to pass, happen
συμβάλλω] to contribute [*]
συμβόλαιον, ου, τό] a contract, agreement
συμβουλεύω] to offer advice
συμμαχέω] to fight as an ally [*]
σύμμαχος, ον] allied [****]
συμμίγνυμι] to mix
συμπίπτω] to fall together
συμφορά, ᾶς, ἡ] misfortune, disaster [****]
συναθροίζω] to gather together

συναλλάττω] to be reconciled with
συναρπάζω] to carry away
συνδειπνέω] to dine, share a meal [*]
συνεθίζω] to be accustomed to
συνεισπίπτω] to fall upon, attack
συνεξαμαρτάνω] to share blame or fault
συνθήκη, ης, ἡ] an agreement or treaty [*]
σύνοιδα] to be aware, share knowledge [*]
συντρέχω] to encounter
συντρίβω] to beat, crush [*]
σφεῖς] they [*]
σφέτερος, α, ον] their own [**]
σφόδρα] very much, exceedingly [*]
σῴζω] to save, preserve [*]
σῶμα, ατος, τό] body [****]
σωτηρία, ας, ἡ] safety [***]
σωφρονέω] to be moderate, show good judgment [*]
σωφροσύνη, ἡ] sound judgment, moderation
σώφρων, ον] moderate, circumspect [*]

ταξίαρχος, ου, ὁ] military commander
τάξις, εως, ἡ] arrangement of an army for battle
ταράττω] to be troubled, perturbed
τάττω] to arrange for battle
τάφος, ου, ὁ] tomb
ταχύς, εῖα, ύ] swiftness, quickness [*]
τε] and [****]
τέγος, ους, τό] roof
τεῖχος, ους, τό] wall [*]
τεκμήριον, ου, τό] proof [***]
τέκνον, ου, τό] child
τελευταῖος, α, ον] last

τελευτάω] to complete, accomplish [**]
τελευτή, ῆς, ἡ] end, accomplishment [*]
τέτταρες, τέτταρα, τά] four [*]
τέχνη, ης, ἡ] skill, craft [**]
τηνικαῦτα] at that time [*]
τηρέω] look out for, watch
τίθημι] to put, place, establish [**]
τίκτω] to bear, beget
τιμάω] (A) to honor (B) to value [**]
τιμή, ῆς, ἡ] value, honor, penalty [**]
τίμημα, ατος, τό] estimate of a penalty
τιμωρέω] to give help [**]
τιμωρία, ας, ἡ] help, assistance [***]
τίς, τί] who? what? which? [****]
τις, τι] someone, anyone, anything [****]
τιτθός, οῦ, ὁ] breast [*]
τιτρώσκω] to wound [*]
τοι] indeed, let me tell you [*]
τοίνυν] now [****]
τοιοῦτος, -αύτη, -οῦτον] of this sort, of such a sort [****]
τοκεύς, έως, ὁ] parent
τόλμα, ης, ἡ] (A) daring, boldness (B) reckless [*]
τολμάω] to dare, take up a task [***]
τολμηρός, ά, όν] (A) daring (B) recklessness
τοσοῦτος, -αύτη, -οῦτον] so many, so large [****]
τότε] then, at that time [*]
τραγῳδός, οῦ, ὁ] a tragic poet, an actor in a tragedy, a tragedy
τραῦμα, ατος, τό] wound
τρέπω] to turn [*]
τρέφω] to nurture, raise [*]

τριάκοντα] thirty [*]
τριακόσιοι, αι, α] three hundred[*]
τριήρης, ους, ἡ] trireme, a war ship
τρίτος, η, ον] third
τρόπαιον, ου, τό] trophy [*]
τρόπος, ου, ὁ] custom, character, manner[**]
τροφεῖα, ῶν, τά] nurture, food, source of life
τυγχάνω] (A) to hit (w/gen.) (B) to happen (w/comp. participle) [****]
τύπτω] to beat, strike [***]
τύραννος, ου, ὁ] tyrant, king [*]
τύχη, ης, ἡ] lot, chance, fortune [**]

ὑβρίζω] to behave violently or impudently [****]
ὕβρις, εως, ἡ] excessive violence, impudence [*]
ὑβριστής, οῦ, ὁ] an excessively violent or impudent person[*]
ὑγιαίνω] to be healthy
ὑμέτερος, α, ον] your, yours [*]
ὑμνέω] to sing [*]
ὑπακούω] to hear, obey
ὑπάρχω] to begin [***]
ὑπεκτίθεμαι] to bring or transport to safety [*]
ὑπέρ] over, above, beyond [****]
ὑπεροράω] to look down upon, despise
ὑπερῷον, ου, τό] the upper rooms in a house
ὑπέχω] to undergo, be subject to
ὑπό] (A) by (w/passive verb and gen. of agent) (B) under (w/gen., dat. or acc.) [****]
ὑπόλογος, ου, ὁ] reasoning, account
ὑπομένω] to wait, submit
ὑπονοέω] to suspect

VOCABULARY • 95

ὑποπέμπω] to send secretly
ὑποπτεύω] to be suspicious
ὑποχείριος, ον] subject power or authority
ὑποψία, ας, ἡ] suspicion [*]
ὑπώπιον, ου τό] a black eye
ὕστερος, α, ον] later, last [**]
ὑφίστημι] to stand against, resist

φαίνω] to appear [**]
φανερός, ά, όν] clear, manifest, plain [***]
φάσκω] to say, allege [*]
φαῦλος, η, ον] base, common
φειδωλός, ή, όν] a cheapskate
φέρω] to bear, carry [*]
φεύγω] (A) to flee (B) to defend oneself in a trial [***]
φήμη, ης, ἡ] voice, fame, oral report
φημί] to say [****]
φθονέω] to be jealous [*]
φθόνος, ου, ὁ] jealousy [*]
φιλαπεχθήμων, ον] fond of quarrels
φίλιος, α, ον] friendly
φιλονεικέω] to be fond of dispute
φιλόνεικος, α, ον] fond of dispute
φίλος, η, ον] friendly, cherished [***]
φιλοσοφέω] to consider, pursue knowledge
φιλότης, ητος, ἡ] friendship
φιλότιμος, ον] ambitious, loving of honor
φιλοψυχέω] to be a coward
φοβερός, ά, όν] terrible, fearful
φοβέω] to fill with terror, cause fear [***]
φόβος, ου, ὁ] fear, dread
φοιτάω] to roam about [*]
φόνος, ου, ὁ] murder, homicide [*]
φράζω] to point out, show [*]
φρονέω] to think, consider [**]

φροντίζω] to consider, reflect [*]
φυγή, ῆς, ἡ] flight, exile [*]
φυλακή, ῆς, ἡ] a watch, keeping watch
φύλαξ, ακος, ὁ] a guard
φυλάττω] to keep watch, to guard [**]
φυλή, ῆς, ἡ] tribe
φύσις, εως, ἡ] nature [**]
φύω] to bring forth, to be by nature [*]

χαίρω] to be glad, enjoy
χαλεπός, ή, όν] difficult, hard to bear
χαρίζομαι] to delight, to grant a favor [*]
χάρις, ιτος, ἡ] favor, gratitude [**]
χείρ, χείρος, ἡ] the hand [*]
χείρων, ον] worse
χήρα, ας, ἡ] widow
χίλιοι, αι, α] thousand [*]
χορηγέω] to organize or fund a chorus
χορηγός, οῦ, ὁ] a chorus leader, a producer of a tragedy
χράομαι] (A) make use of (+ dat.) (B) to treat or interact with a person [**]
χρή] it is necessary [***]
χρῆμα, ατος, τό] money, property [***]
χρηστός, ή, όν] good, honest
χρόνος, ου, ὁ] time [****]
χώρα, ας, ἡ] land [**]

ψεῦδος, ους, τό] fabrication, lie
ψεύδω] to lie, deceive [****]
ψηφίζω] to vote with a pebble [*]
ψῆφος, ου ἡ] a pebble used for voting [*]
ψιμυθιόω] to paint with white lead[*]
ψοφέω] to make a noise [*]
ψυχή, ῆς, ἡ] soul [***]

ὠθέω] to thrust open, push
ὡς] (A) that (B) as ... as possible (w/superlative) (C) as (D) in order to (E) to, towards (w/acc.) (F) when [****]
ὥσπερ] as, just as [*]
ὥστε] so that, as [****]
ὠφελέω] to help, assist [*]